美妙的人类史

LA PLUS BELLE HISTOIRE DE L'HOMME

人类如何征服地球

COMMENT LA TERRE DEVINT HUMAINE

[法]安德烈·朗加内（André Langaney）
[法]让·克洛特（Jean Clottes）
[法]让·吉莱纳（Jean Guilaine）
[法]多米尼克·西莫内（Dominique Simonnet） 著

曾信力 译

西南大學出版社
SWUP 国家一级出版社 全国百佳图书出版单位

万墨轩图书
WIPUB BOOKS

目 录
Sommaire

序　言

Prologue

终于，人类登场……在并不那么遥远后的某一天，这种独特的动物已然区别于曾经的同类。人类挣脱大自然的束缚，试图反过来改变、超越、主宰大自然。人类创造了夫妻、家庭与社会制度，发明了权力、爱情和战争……这一切都是出于何种原因呢？人类的探索精神从何而来，是源于对征服的渴望吗？答案是肯定的，但为什么是“人类”？而人类又是如何一步一步进化成如今的模样？

关于人类的起源，听起来像是老生常谈。我们自认为对祖先已有足够的了解，也总是以高高在上的姿态把他们当作粗鲁落后的原始人看待。然而，现代科学却提出了让我们大吃一惊的结论：我们的天性（容貌、遗传、智力）与我们的文化（行为、生活方式、想象力），早在数千年前就已被第一位祖先打上了烙印。从那时起，我们就未曾大变。从某种意义上说，现在的我们仍然处于人类的史前时代。

在《美妙的世界史：起源的秘密》一书中，于贝尔·雷弗、若埃尔·德·罗奈和伊夫·科庞向我们解释了其中的奥秘：人类是宇宙和生命长期演变的结果。在长达一百五十亿年的时间里，物质和生命——原子、分子、恒星、细胞、生物、人类——不断变得更加复杂,而我们也从未停止过对人类起源的探寻……从宇宙大爆炸到人类文明起源，一切如同齿轮般环环相扣，我们既是细菌与猴子的子孙，也是恒星乃至星系的后裔。

而在《美妙的人类史：人类如何征服地球》这本书中，我们将要接着那段迷人的历史来讲述。最初，人类靠狩猎和采集为生，但能存活下来的人数少得可怜，接近消亡。从某种意义上来讲，我们都是历史的幸存者。在那个决定性的时期，人类智力发展的加速接替了物质生产的增加，对人类演化赋予了新的加速度。从公元前十万年开始，人类统治地球，加速繁衍，并发明创造出一系列闻所未闻的事物：艺术、神明和宗教。从公元前一万年起，人类开始定居，发展农业和畜牧业，逐步孕育出了财产、等级制度和社会不平等。社会由此出现，国家也随之诞生……历史的车轮把人类推上了文明之路。

从历史碎片中，我们发现了科学启示与人类信仰之间的相似性。宇宙大爆炸的光，呼应了《旧约》里的“上帝说：‘要有光’”。生命的起源与古老的传说在此产生了美丽的共鸣。旧石器时代的大草原,有时竟有着“人间天堂”的影子;人类的先祖，能够轻易地在《圣经》描写的场景中对应上自己。但是，我要再强调一次，宗教体现信仰，科学揭示事实，这两者并不冲突。

我们的记述都依托最新的考古发现。这个星球已经被人类如翻箱倒柜般地探索了一遍：我们掘开土地，探寻洞穴。我相信，人类历史的主要部分基本上都被找到了。然而，多年以来科学家们却从未停止对奇迹的探寻。每一个岩洞、每一处遗迹、每一块儿化石，都不停地给人们带来新的启发。随着研究方法的不断革新，我们不会再放过任何一个细节，不管是多小的碎骨、煤渣儿、花粉或种子——科学家们凭借古老柴火燃尽的残渣，就能重现几万年前的一顿晚餐！从而推演出人类祖先的生活习惯、居住环境，甚至社会关系……

不只是考古学，许多现代学科的研究都为人类史的研究贡献了一己之力。比如说，生物学家通过对染色体和基因的研究，找到了人类过去移动的轨迹。物理学家，借助大型粒子加速器去分析画作上的微粒，以此就能推定出岩石的年代。而语言学家，正着力于建立方言系谱。人种学家，则依据地球的各种文化，推测出古老的风俗习惯及原始信仰……还有植物学家、神经心理学家、动物学家，甚至艺术家……都竞相以新的视角持续关注着人类的起源这一命题。

还需要说明的是，虽然这是一本讲述科学的书，但我们不会使用太专业的术语。它将面向所有人，无论读者是成年人还是小孩子，无论文化水平如何，都能读懂这本书。它的表达形式也会很简单，我们将像孩子一样去发问，提出一切能想到的问题，尤其是那些看起来相当“幼稚”的问题。但这些问题，恰恰是中肯入理的。我们希望通过学者们的回答，让读者不仅能够了解科学，还能知晓这背后的渊源。

这本“人间喜剧”由三幕组成，分别讲述了人类史上的三次征服：征服领土、征服想象力和征服权力。我们将与三位杰出的专家就这些问题逐步展开对话——伟大的学者通常也是优秀的科普人，他们知道如何对他们所研究的事物进行判断，并清楚如何从中抽离出更深层次的含义。这样的人才极为罕见，有幸的是，我们邀请的三位对话者都是这样的人。他们不仅是世界知名科学家，也是十分杰出的人物、伟大的天才。无论话题涉及的是古老村落遗址的挖掘，还是神秘的洞窟壁画，他们都能与我们展开轻松、自由的科学对话。这本书是我们之间美好相遇的奇妙见证，更是热情、幽默和情感培育出的丰硕果实。

第一幕将从原始草原上缓缓开启。当时的人类正试图区别于猿猴表亲。这样的举动是出于好奇，还是迫不得已？第一批狩猎采集者离开非洲的摇篮，成为世界旅人，并开始征服地球。人类就此分化出不同的民族。皮肤的颜色变得不同。语言种类渐渐丰富。这是各民族蓬勃发展的春天。此后，人口融合。再然后，就是全球化的时代了。

讲到这里，有人马上会提出“人类同一性”的问题。人类是在相同的根基或基础之上，创造出了一系列相同、相似或不同的生活方式、传统文化及行为习惯。为什么人类要走出原始世界呢？是什么促使他们的群体不断分化？环境又是怎样影响他们的选择的？科学告诉我们，不可将人类按不同种类区分。这样看来，人种的概念其实并不清晰。每个群体中的个体之间，都或多或少地拥有相同的基因类型。那为什么会有黑皮肤的人和白皮肤的人呢？到底什么才是真正的区别？这些问题都是十分复杂且沉重的，不好回答。

安德烈·朗加内不会逃避这些问题。他小时候的梦想是成为一名动物园的管理员，还是孩子的他，就已经会给蚂蚁和蜗牛做上记号，以便更好地追踪、观察它们。后来，他发现其实研究人类本身也是一件有意思的事。作为遗传学家和人类学家，安德烈是第一批使用现代生物技术去探究原始人类的学者。但他并不满足于在实验室里对着试管研究人类基因，他还会到各个考古现场进行田野调查，比如塞内加尔东部以及格陵兰岛。他也曾在美国做过研究，后来在巴黎人类博物馆和日内瓦大学担任重要职位。安德烈讲话直率，他总是强调“科学绝不能成为任何差异和歧视的借口与托词”。

第二幕中人类又向前发展了一大步。他们常常仰望苍穹，思考着人类的起源，想象着地平线以外的世界。在高更、修拉、毕加索出现的三万多年前，人类的祖先们早已用木炭、颜料和毛笔在洞穴深处书写信仰，描绘梦想。而到如今，我们才终于懂得了祖先们是用了何等高超的技巧，当然还有他们的虔诚与热忱。他们在洞穴内壁上绘画，试图越过表象与神灵交流。正是在这样的艺术和美的融合中，神圣感才得以发生，宗教也才能显露雏形。

就这样，人类在至圣场中发挥出了想象力。直到现在，人们还在不断地探索个中奥秘。为什么我们的祖先会有这些毫无根据的举动？为什么艺术会在这些黑暗的洞穴中得以发展？这些野牛和野马壁画又在向哪位神祇诉说秘密？这些史前的符号究竟向我们透露了什么？

让 · 克洛特是法国国立文化遗产学院的名誉院长，也是壁画方面的顶级专家。他从很早就开始研究我们祖先的大脑，并取得了相关成就。为了研究人类古老的壁画，他在静谧的洞穴中度过了一生中的大部分时间。尼奥洞窟、科斯克洞穴、肖维岩洞，他都有颇深的研究。他是古老洞穴的保护者，在岩壁艺术国际委员会稳坐头把交椅。他对于洞穴的热情完全源于童年时期。当他还是个孩子的时候，就跟随身为洞穴研究学先驱之一的父亲去到奥德省和阿列日省的洞穴当中。在那里，他们找到了拥有四千年历史的人类骸骨。从此之后，他领悟了自己的使命。他了解远古洞穴的价值，也知道该用怎样的激情去讲述。

第三幕中我们将会谈到一个改变世界的思想。一万年前，这样智慧的想法是如何萌芽的？那时，我们的祖先不再屈从于变幻莫测的四季，也不再费力去追捕猎物——他们开始试图征服大自然。就这样，他们播下了第一颗种子，畜养了第一只羊。这就是人类的革命！人类在地球上四处游走、开垦耕地、移民定居、修建房屋并创立村落。他们看待世界的视角发生了翻天覆地的变化。与此同时，人类的生活方式也在改变。从那时起，人们开始建立组织，选举首领，划分土地，授予权力。这就是政权的开端，这就是国家的雏形……

几千年前的人类,就这样逐步建立了“征服大自然”的思想。人类的历史进程来到 19 世纪工业革命时，这种思想仍在持续发展。为什么这样的思想会同时出现在地球上的各个地区？为什么会从“近东”传播到欧洲？这些巨变的背后暗含着一种怎样的逻辑？难道定居生活与权力的产生之间有必然的联系吗？

法兰西公学院教授**让·吉莱纳**比任何人都要了解这些革命与巨变，这是向“新石器时代”的过渡。毫无疑问，它深刻地改变了人类的命运。如他所说，他的童年在乡下度过，从小就对历史有着强烈的感情。18 岁时，他接触到了这世上独一无二的新石器时代旧址，这也为他的未来指明了道路，现在的他是这个领域内全球顶级的专家。他走遍了地中海盆地，探寻了世界上第一个村落，重现了世界上第一批定居者的生活结构。对他来说，追问人类的起源本身就是一种解释人类行为和考查人类身份的方式。

事实上，我们如今还生活在新石器时代的祖先们居住过的地方。我们现在还在继续发展着几千年前祖先们发起的那项巨大的工程——征服地球、征服世界。世界的文明化与“人工化”已初具成果。我们再也不需要去探索美洲大陆，再也没有未知的土地在等待我们去发现。探索大自然画上了句号，至少是对“原始自然”探索的终结。也许在某些人眼中，现在的人类已经到达发展的巅峰了。

诚然，从我们的祖先人类发展到今天的人类世界，我们所生存的环境已然大变。我们的活动空间走向全球，从小小的村落到“地球村”。时光穿梭，人们不再交换燧石，而是分享信息。世界变得越来越小，人们可以通过卫星传送来的图片看到整个地球……但相较于史前世界，我们真的有所进步吗？如果说我们的科技、知识、看待世界的视角，那真的是进步了；但我们的价值观、"人性"（从该术语的哲学层面看），是否也同时得到了提升呢？在这个充满着知识、充斥着野蛮的时代，问题的答案不是唯一的。在尾声部分，我们将会一起就此展开讨论。

人类对大自然和地球的探索暂时告一段落。然而，这绝非历史的终点。男人的历史、女人的历史、人类的历史，才刚刚开始。人类探索与征服了地球，任务已完成。此时此刻的我们，应该做什么？在这样一个资源有限的地球上，我们要如何自我发展？新的巨变将怎样诞生？我们要如何继续书写人类的历史，才能让它保持完好或变得更加灿烂？这些问题亟待解决。

看完这本书，我们将会明白，回顾历史为我们提供了一种全新的思考方式：我们是否需要进行一场思想变革，一场类似把人类从旧石器时代带到新石器时代那样的变革？不管怎样，我们要随时保持怀疑的态度，我们并非像自己想象中的那么先进！在我们文明的外衣下，掩盖着来自原始时代的坚硬外壳。原始的野性，仍在我们的身体里蛰伏。不能忘记，人类的进化仍旧处于人类的史前时代。未来如何发展，由今天的我们决定。

多米尼克·西莫内

第 一 幕

征服土地

Acte 1

LA CONQUÊTE DU TERRITOIRE

第一场

故土之上

在遥远的时间深处，一只奇怪而不安分的猿猴试图从动物界脱颖而出。在其内心深处和细胞内核中，人类的命运已显露雏形。

人类动物

多米尼克·西莫内（以下简称“多”）：地球需要几十亿年才能成形，宇宙中独有的现象——生命则诞生于此。但直到三百万年前人类才出现，而在十万年前，我们的直系祖先智人才开始活动。同宇宙大爆炸引出的世界历史相比，我们在这本书中所呈现的人类史简直不值一提。但我们为何要谈论人类的巨变呢？如今的我们是否已经完全了解人类是如何从动物界中脱颖而出的呢？

安德烈·朗加内（以下简称“安”）：正如现在人们常说的，人类并不是猴子的后代。猴子是猴子，人类是人类。如果说，从宇宙大爆炸到地球上生命的出现，世界历史有连续性，那么可以说，我们和灵长类动物的祖先也是有连续性的。正是由于化石研究，我们才能在一个世纪之前知道这其中的关系。如今，我们也可以从遗传学的角度进行分析。我们的基因、我们细胞中的染色体决定了我们属于人类物种。当然，人类基因并非独特。人类绝大部分的基因和黑猩猩的基因是相同的，有一些基因跟苍蝇甚至和梧桐树的相似！我们和其他灵长类动物的关系很亲密，还有其他哺乳动物，甚至是整个生物圈。

多：那么我们与它们之间的区别是什么？是什么让我们成为“人类”的？

安：仅仅是微妙的区别让人类与其他物种区分开来。这细微的区分让我们与其他物种在外表上看起来不一样。同样，人类和动物的大脑不一样，因此人类拥有其他动物所不具备的才能。但这些细微的区别真的如我们所说那么重要吗？举个例子，我们常常低估了黑猩猩的能力。

多：在哪些方面？

安：黑猩猩会把石头储藏起来，方便下次使用。为了捕捉白蚁，它们每一次都会制作或利用小棍子以方便进食……它们甚至先于我们发明了一次性工具。它们也知道如何投掷石头……人类和黑猩猩都会将石头磨成锋利的工具，在黑猩猩所使用的粗糙工具和人类所使用的卵石之间，我们并未发现明显的区别……

语法万岁!

多：那么真正的区别在哪儿呢？

安：事实上，真正将人类和其他物种区分开来的是语言。我们可以通过语法将一些单词组合在一起，从而得出一个句子，而句子背后隐藏的含义要比简单地拼凑单词复杂得多。这是因为语言拥有语音和语义两个子系统，只有人类的大脑才能传递并理解这样的信息。有人曾做过实验，我们能够教会成年猴子一些特定的单词，而某些黑猩猩能够学会900个单词，但它们都无法自发地造出完整的句子。

多：也许是我们教得不好？

安：可能吧……这几年，我们也尝试教它们连接两个以上的单词，但都没有成功。所以我们认为，它们没有像人类大脑那样有一个特定的语言区域。猴子是有记忆力的，虽然它们能够理解单词的意思，但学不会语法。

多：甚至连最基础的语法也学不会吗？

安：动物之间的确存在复杂的交流系统，尤其是灵长类动物之间的系统更加复杂。比如说有一种山雀可以发出 50 种不同的叫声，每一种叫声都有特定的意思。但这些都不构成句子。语言学家并未发现这些动物信息和人类语言二重性的联系。这两者要么是一样的，要么确实不同。它们的叫声要么有语法，要么就没有语法……要问这是为什么，实在是个谜团。我们甚至都找不到一个假说来回答这个问题。

多：那么语法就是人类的独特之处！真是个令人兴奋的发现！

安：是的。我常常和孩子们说："如果你们不学习语法，那和猴子没什么两样儿！"有时候，人类会在无法使用自己母语的环境下长大，比如被卖到欧洲的奴隶被禁止使用母语交流，殖民者强迫他们学习英国或法国文化。当然，那些刚来到这里的第一代移民学得非常差，他们因此发明了一种叫"皮钦语"的不地道的语言，混杂了英语和他们的土话，有着自己的语法，后来发展成了拥有独立语言特性的克里奥尔语。语言能力似乎是人类大脑特有的能力，只要我们有想说的话，我们就能立马说出来。

从极地到撒哈拉

多：您认为这是人类唯一的特性吗?

安：不，还有第二个特性，当然这也有可能是由第一特性发展而来的，那就是人类拥有创造多样性的能力。在大自然中，同一物种通常生活在同样的环境中，有着同样的行为模式。从整个地球的范围来说都是如此，几乎所有同类的个体都聚集在相同的栖息地里，以相同的方式生活着，吃相同的食物，用相同的方式管理社群……都受生理和天性的束缚。如果一种猴子是多配偶的，那么这个物种的所有猴子都是如此。其他一些物种是单配偶的，比如长臂猿，那么所有的长臂猿都是单配偶的……除了某些细节不同之外，尤其是在黑猩猩中，大体上一个物种的所有个体总会遵循该物种的总体规则。

多：人类是唯一的例外吗？

安：是的。我们人类可以依靠海上或是陆上的工具，生活在极地冰川或是撒哈拉沙漠。我们创造出随不同地区或不同族群而改变的社会结构，人类分化出上千个不同的族群，我们不再受到像动物那种生物属性上的约束，更多的是遵循后天习得的社会规范。并且，人类拥有全然不同的行为举止、社会结构、环境……

多：语法和创造多样性的能力，把我们和猴子区分开来。但这两种天赋是什么时候出现的呢？

安：谁都不知道……人类大脑是从什么时候开始具有了这样的潜能呢？是否人类在诞生之时就拥有了这样的能力，但一直都没有被开发使用？最早的人类是否能像我们这样自我表达？没有人能说得清，历史上也没有证据表明这一点。

多：学会使用工具不算是人类决定性的一步吗？我们需要通过互相交流来学习以及教会别人如何切割石头……

安：有一些人是这样认为的，但并不是这样。动物也可以通过模仿来学习复杂的技术，它们甚至都不需要进行语言交流。然而，我们在巴勒斯坦的墓地里发现了花粉还有鹿型的木头随葬品，可以说，十万年前人类已经开始埋葬死者并举办葬礼。我们很难想象这样的活动是在没有语言沟通的条件下进行的。其实可以分为两个时期来看待这个问题。第一个时期是在大概七百万年前，猴子和人类从共同的祖先向不同方向发展。第二个时期是在大概十万年前，人类发展了艺术、仪式、信仰，这些活动离开了语言是无法进行的。语言的习得也可以分为两个阶段，首先是语言能力的习得，然后是语言的使用。但不管是研究化石的古生物学家，还是研究基因的生物学家，都无法给出确切的时间。

近亲与祖先

多：那我们重新来说一说人类的起源。人类历史可以追溯到七百万年前的东非大裂谷，可以说那里是人类的故乡。就像伊夫·科庞在《美妙的世界史：起源的秘密》里所说，正是在那里，人类和猴子从共同的祖先向着不同的方向发展。我们来说说这小小的祖先的特征吧。

安：正如您所说，它真的很小。其实这是一种很正常的变化，我们尤其可以在哺乳动物身上看到这些变化。最开始的祖先并没有什么特别之处，但它们相比后代来说要小很多。从南方古猿的骨架来看，我们测出它只有一米高，而猴子和人类共同的祖先要比南方古猿更矮小。它们有着相对较长的四肢，圆形的头骨下有一根脊椎。为了躲避肉食动物，它们可能都在夜间活动。如果下到地面，它们应该是一种垂直站立的姿势。

多：它们就用后肢站着吗？

安：是的。那么“人类是由猴子进化而来的”这个理论又再一次站不住脚了。在想象中，我们的祖先是匍匐着依靠四肢走路的，脑袋向前伸出……但实际上，它们应该就像其他灵长类动物那样沿着树干攀爬，或是用上肢紧抓树干不断穿梭，就像长臂猿那样。它们当时就已经可以直立行走了。

多：直立是不是就是巨变产生的原因呢？还是这场巨变的结果？伊夫·科庞在他的书中这样反思。您认为，能够直立行走是人类出现的原因吗？

安：对我来说，双足行走确实是人类的特点，但这并不是人类出现的原因。我特别不明白，为什么这能够引发人类大脑的发展和语言的出现。人类更有可能是由已经能够双足行走的不善攀登的动物进化而来的。像“露西”那样的南方古猿经常会攀爬树木，它们也完全会用双足行走。

显微镜下的爱

多：后来历史出现了分歧。我们共同祖先的后代，一支成了猴子，一支却成了人类的直系祖先。我们现在对这个重大事件了解多少呢？

安：其实我们可以把这个系谱看成三个分支，分别是大猩猩、黑猩猩和人类。

多：为什么呢？

安：我们都知道，在我们的细胞中，染色体由复杂的双螺旋结构的 DNA 所构成。在实验室里，我们将来自两个不同物种的 DNA 的单链放在一起，想看看它们是否会“结合”，也就是说能不能像两条拉链那样自发地形成双链结构。我们将人类和兔子的 DNA 单链放在一起，会有 80% 的概率形成双链。而将人类和黑猩猩的 DNA 放在一起，结果让人大吃一惊，两者的 DNA 几乎能够完全交织在一起（999‰）。这就说明其实人类和黑猩猩的生物学关系很亲近。还有一些别的实验也能让这个结果更加具有说服力。

多：您能和我们简单说说吗？

安：生物学家希望能够直观地看到生物的染色体。因此，通过抽血、培养细胞和一系列的化学操作，将细胞核内的染色体染上了颜色，然后用高倍光学显微镜拍下来。

多：那么从某个层面上来说，这些就是记录物种基因信息的照片？

安：可以这么说。这些照片可以帮助我们去细致地研究染色体。因此，我们发现人类和黑猩猩的基因排序几乎一样，但它们在染色体上的位置不同，我们一共总结了九点不同之处。比如，人类 2 号染色体的长度是黑猩猩两条染色体长度的总和。

多：这很有趣，但能说明什么呢？

安：这说明在演变的过程中，染色体断裂了，染色体碎块分离，重新黏合……这就是为什么物种之间会出现差异。通过对比所有灵长类动物的 DNA，我们能够确定这背后的原因。人类、大猩猩和黑猩猩的某些染色体是一致的；有一些染色体在人类和黑猩猩体内能找到，但大猩猩体内没有；还有一些能在黑猩猩和大猩猩体内找到的染色体，在人类体内却没有……

多：所以结论是什么呢？

安：可以说明这三者全是共同祖先的后代，史前人类、史前大猩猩和史前黑猩猩会进行杂交……

多：就是说这三者会杂交生出孩子？

安：是的，这发生在历史上某个时期，至少是在它们分化发展后。根据两位法国研究学者贝尔纳·迪蒂耶和让·沙里纳所说，最简单的推定就是这三者在毗邻的地区生活，史前黑猩猩一方面和人类有着密切的交流，另一方面和大猩猩也有着千丝万缕的关系。

旧石器时代公园

多：古生物学家告诉我们，通过研究骨头化石可以推断出，史前人类其实就是生活在六百万年前到三百万年前的南方古猿。基因学家怎么说呢？我们能够想象有一天重新找到骨骼上的DNA吗？就像在电影《侏罗纪公园》里那样，它能解开我们祖先的秘密吗？

安：知道它们的DNA排序是尤其重要的，因为我们可以从中知道物种是怎样分化的，它们的基因排序和我们现在的基因排序有哪些是相同的……但电影《侏罗纪公园》里提取恐龙的DNA只能在电影里实现，真正的科学不是这样的。我们只能在干燥脱水的皮肤上提取到DNA，或是在骨头上找到微量DNA，只要还能对它们进行研究。

多：也就是说……

安：也就是说，上万年前的骨头会被矿化。比如，著名的南方古猿露西的骨头上连骨质的微粒也没有，可以说这就是一块儿石头！另外，当我们拿起它的一块儿骨头时，它的重量也让人大吃一惊，因为我们能直接地感受到这块儿骨头非常轻。我们在这样的骨头上是无法找到 DNA 或蛋白质的。

多：那在年代更近的骨头上呢？

安：是可以的。有一些学者在研究只有几千年历史的 DNA，以及在美国佛罗里达州的泥炭层中发现的八千到九千年历史的印第安人头骨。研究这些基因是没问题的，但没有什么特别的，它们只能够证明印第安人和美洲人的关系，仅此而已。

细胞中的化石

多：我们在其他南方古猿或它们后代身上什么也没有找到吗？按人类发展的时间顺序来看，从能人、直立人最后到智人，什么也没找到吗？

安：几乎没找到。我们在著名但早已灭绝的尼安德特人体内提取到一小段线粒体DNA，它来自细胞核之外。这一小段只有三百个碱基对的基因（现在人类应该有三十亿个碱基对）不同于如今人类的基因。也许这种情况还存在于人类这个物种中呢？我们不知道。不管怎样，它和如今人类的基因组是不同的。但我们只了解到五千个案例，而地球上现在足足有几十亿人。

多：那我们现在体内的细胞里仍有祖先的基因？

安：我们的细胞里有个体特有的基因，同时也有我们物种所特有的基因。我们体内确实有祖先的古老基因，它们占据了一席之地，却是不活跃的，或者说只在某些时候活跃一下。

多：比如说？

安：当我们还是母亲子宫里一个三周大的胚胎时，某些基因使我们长出一条尾巴，还有鳃裂，但随后就消失了。还有，比如肿瘤的产生是由于细胞中遗传物质出现了失调，也就是在某些细胞中，遗传物质开始活跃起来，导致毛发、小块皮肤，甚至是完全多余的器官细胞的产生。可以想象，有一些从遥远的祖先那儿遗传下来能够决定特性的基因仍然能够在我们的染色体中找到，并且在某些人体内它们甚至还处于被激活的状态……事实上，最好的 DNA 化石就在我们体内的细胞里。

人类的多样性

多：这么说，我们很难清楚地区分不同的祖先及其后代。

安：事实上，我们无法准确地说出人类是什么。在三百万年前出现的能人和南方古猿之间，我们很难说出两者的区别。区分人类和其他物种，尤其是在确定是否有不同物种杂交的可能性上，生物学的准则并不是那么绝对的，文化上的标准也是非常模糊的。伊夫·科庞在《美妙的世界史：起源的秘密》中提到，南方古猿可能已经开始使用工具了，而且自起源开始，就只有人类这一物种。人类就这样慢慢地演变，从直立人到智人……但有另外一些值得尊敬的古生物学家，比如美国博物馆的伊恩·塔特索尔却说，从前有十几种不同的人类物种，但大部分都消失了，只有我们智人存活了下来……想要干脆地回答这个问题是不可能的。

多：没有一小块儿化石能帮我们解答这个问题吗？

安：没有，人类化石非常罕见，而且为了做出可被证实的假说，我们一般需要更多信息。如果只有两块儿三百万年前到十五万年前的骨头化石，那我们几乎不可能知道它们来自哪个族群，也不知道它们之间的关系。

多：所以有可能从一开始，就已经存在许多不同的族群了。

安：谁能这么肯定呢？不妨想象，在遥远的未来，我们的后代找到了一块儿来自身高一米四的因纽特人的骨骼和一块儿来自身高一米八的图西人的骨骼。也许未来的古生物学家就因为他们体格的不同，而将之看成两个不同的物种，那么他们可能就和现在的我们一样，不小心犯了错……

多：有一种说法是，两个物种之间的区分是从两者不能繁殖后代开始的。是这样吗？

安：是的。不管是图西族人还是因纽特人，哪怕他们之间有很多不同之处，但他们都是可以繁衍后代的。如今，人类多种多样。那么，史前人类的多样性也就不能证明物种的不同。

多：不管是不是唯一的，当时的人类一直乖乖地待在非洲摇篮里。

安：似乎是的。但很快就发生了改变。人类不停地进行分化，最终区别于其他生物。毫无疑问，人类离开故乡，开始了对地球的征服。

第二场

物种奇遇记

对地球的征服之旅终于启程。早期的探险者虽人数不多，却异常勇猛。尽管如此，在几千年间他们仍屈服于变幻莫测的大自然。

初次探险

多：再见了，故乡！人类在非洲的土地上由南方古猿进化而来，而那些充满好奇心又敢想敢闯的人终于离开故乡出门探险，事情是这样的吗？

安：是的，征服原始世界的战争打响了。从一百五十万年前至五十万年前，人类（当时是直立人阶段）就已经远离故乡外出冒险了。现存的属于那个时代的化石不多，所以我们也仅仅知道他们曾经在什么时候到过哪些地方而已。

多：但我们能确定他们都来自同一个地方——非洲东部，对吗？

安：毕竟在别的大陆上没有发现过证据，也可以说我们没有在其他大陆上那么彻底地搜寻过。为什么人们对东非大裂谷如此感兴趣？因为在这个壮观的大裂谷中，人们发现了四百万年前的古老沉积物。而在亚洲、大洋洲、欧洲等其他大陆，我们必须得挖三千多米深的矿井才能到达相同时代的地层！

多：真是一段人类在黑夜的路灯下找寻钥匙的故事。有人问他："你能确定钥匙就掉在这个地方吗？"人类回答："不，但这里有光。"

安：确实是这样，目前所有证据都表明人类的起源地就在非洲东部。

多：然后我们的祖先直立人就背起行囊外出征服世界了。这得花很长时间吧？

安：狩猎采集者一天能走约五十千米，如果他们愿意，还能走得更远。我们来算一算，假设一年中他们休息两个月，另外三百多天都在外面行走……那一年就能走约一万五千千米。况且，直立人生活了一百多万年，这个时间都够他们在几个大陆上来来回回走许多趟了。

多：那究竟是什么吸引了他们外出探险呢？

安：可能仅仅是因为他们想这么做，又或者是他们被迫外出寻找新的资源。在接下来的寒冷期和温暖期里，植被区在纬度上移动了三千千米！为了寻找赖以生存的动植物，他们不得不向外迁徙。

多：可以想象他们的旅途没那么轻松……

安：我们的祖先常会遇到某些地理上的障碍：比如沙漠或海湾。但有些地理条件又对他们十分有利。比如印度尼西亚在冰川时期曾是亚洲大陆的一部分，早期的直立人可以直接经过亚洲南部走到爪哇岛。大约在五十万年前，直立人已到过非洲、中国、印度尼西亚和欧洲了。就这样，古代世界被征服了。

回到原点

多：尽管直立人取得了胜利，可没过多久，他们最终还是消失了。这又是什么原因呢？

安：他们可能和智人共同生活了一段时间，但这个说法尚有争议。我们怎么能用三十几块儿化石去追溯五十多万年的历史呢？更何况各路专家对这个说法也有不同看法。古生物学者认为，有些化石属于直立人进化为现代人的时代，还有些则有了现代人的印迹。

多：没那么简单吧……

安：的确。实际上我们只发现了一块儿完整的直立人化石，那就是来自一百六十万年前非洲图尔卡纳湖的年轻男性化石，它也是唯一接近史前时代露西的完整化石。在公元前二十万年到公元前十万年间的十多块儿化石中，只有三块儿化石留有现代人的痕迹：其中一块儿是在巴勒斯坦发现的十万年前的化石；另一块儿是在埃塞俄比亚发现的，可能有十万年到十三万年的历史；第三块儿是在摩洛哥发现的，但它属于哪个时代还有待考证。

多：我们从中可以知道些什么呢？

安：我们能从中知道现代人——智人，也就是我们，是在公元前十五万年到公元前十万年间的非洲东北部或近东地区诞生的。

多：回到最初的问题，为什么智人会出现在近东地区而不是其他地方呢？为什么其他大陆的直立人并没有进化成智人？

安：某些研究者曾提出这样一个观点，中国的直立人就是中国现代人的祖先，非洲的直立人是非洲现代人的祖先……这是一个非常荒谬的推测。他们居然认为世界存在一个内部遗传机制，从而推动了各个物种以相同的方式同时进化。在生物学家看来，这样的机制与目前的所有进化理论都是相悖的，因为进化只能发生在同一地点。

变者的未来

多：根据目前的进化理论，一个新物种的形成，必然要有一个小群体离群索居后开始改变。这就是所谓的“进化”，不是吗？

安：这是一般情况。一个小群体被隔离在与原始群体不同的环境中，基因会发生一定的变化，这一点阻止了其本身和之前分离的群体共同繁衍后代。如果这个群体能在新的环境中生存下来，那就形成新的物种。上面所说的情况曾在亚马孙热带雨林中发生过。一些动物在干旱时期被隔离到与之前环境相差许多的丛林小岛上，就在那里，新的物种产生了。当气候重新变得湿润，新的物种与之前的群体有了极大的区别，它们再也不能在一起繁殖。

多：是因为在那期间它们的染色体发生了变化吗？

安：是的，这种情况经常发生。基因和染色体不是钢铁铸就的，它们不停地分裂、接合、突变、改换、复制……其实我们人类也是如此。在无菌的环境当中，我们也经常能看到染色体结构会有一些轻微的改变。如果这样的情况连续发生在几代人的染色体上，那这些突变的染色体就会阻止本体与其他人类繁衍后代。但突变的染色体是极难存活的，自然选择淘汰了它们中的大多数。要使突变体能够顺利存活，就必须马上把它们隔离开来，否则突变现象将在母系群体中被稀释。但也有些例外的孪生物种，比如双峰驼和单峰驼，老虎和狮子，它们能够杂交，也能拥有很多后代，但它们并不是真正意义上的新物种。

多：那直立人和智人能共同繁衍后代吗？

安：不能确定，但这种情况是有可能发生的。因为就形态而言，他们是相同的物种。解释两者之间过渡的最简单的猜想是，不管物种有没有发生变化，非洲直立人的一个种群进化成了智人。站在科学角度上看，最简单的猜想往往是最好的。

未许之地

多：您说现代人诞生于近东地区，真是令人困惑……还有，就像宇宙大爆炸让人想到《圣经》（“要有光！”），科学与宗教竟然以某种方式相互结合……

安：科学与宗教不是一致的。在“圣地”寻找人类的起源，或是在土耳其寻找诺亚方舟的踪迹，都是白费工夫。我认为其中存在两种宗教观点。持有第一种观点的人认为必须要通过分析经文来解释现实。这是基督教原教旨主义的态度，以乌雪大主教为代表。1600 年，乌雪大主教提出人类是在公元前 4004 年的 10 月 23 日星期六早上 9 时诞生的。这简直是滑天下之大稽！一些奉行原教旨主义的犹太教教士想要再次埋藏古老的化石，以防这些化石中有犹太人的祖先……这些想法与我们的科学完全相悖。

多：那另一种观点呢？

安：另一种观点坚持认为《圣经》拥有一定的象征意义,《圣经》中的文字旨在描绘行为举动，提出道德规范并说明与创世者的关系，这些都不涉及科学。然而科学却能为我们提供正确的历史解读，因此，人们便会结合新的知识去阐释经文的意义。正是在意识到进化论有“一定价值”以后，教皇约翰·保罗二世才做出了些许让步。

灭绝边缘

多：让我们再来谈谈科学。最初的那个小群体，也就是居住在近东地区的祖先们，我们知道他们长什么样吗？

安：我们没法知道他们长什么样，甚至都说不上来他们皮肤的颜色。如果我们认为他们曾在中东地区生活了很久，那么根据当时的环境，能想象到他们的皮肤应该是黝黑的。但如果假设他们就是人类多样性的起源，从这一点来看，他们确实具备了繁衍不同后代的能力。

多：在这个问题上，我们还知道些什么吗？

安：多亏了遗传学，最近我们发现了一件相当震惊的事情。通过比较世界不同地区人类的基因，我们发现人类整体的基因十分类似。于是我们在电脑上模拟了祖先的生活环境以及那些能让他们的基因进行传播的条件。能对人类基因的一致性做出的唯一解释是，在一个并不是十分遥远的时期，史前人类的数量极为稀少，甚至濒临灭绝。

多：是在最开始的时候吗？

安：其实在很长一段时间内都是这样，也有其他证据能证实这一点。通常来说，物种体型越大，数量就越少。比如大型的灵长类动物、哺乳动物或鸟类，它们数量很少，最多几十万，不会上亿。人类也遵循这样的规律，所以人口数量极少。另外，虽然属于现代人类的化石很多，但农业发明之前旧石器时代的化石是极为罕见的，所以研究者们会把这类化石放在保险柜中存放。

多：这么保存的原因难道不是因为化石年代久远吗？或是这些化石遭受了损坏？又或者说我们很难再找到这类化石了？

安：不是。人类埋葬死者的历史已经超过十万年，形成和保存化石的条件都很好。可以想象一下，旧石器时代的人类已经开始采用火化等一系列手段来处理尸体，但如今的我们仍然能够修复过往人类的痕迹。所以，如果我们没能找到很多属于某个时代的化石，那只能说明他们的数量确实太少了。

多：那他们到底有多少人？

安：整个种群当中有生育能力的人大概是五千到一万人，大人和小孩儿加起来大约三万人，相当于法国亚捷这种市镇的人口。为了繁衍后代，他们会聚集在某些地区共同生活。刚开始，现代人的数量是非常少的，所以在很长一段时间内，人类都处于濒临灭绝的状态。

多：所以，我们有可能根本不会出现？

安：是的，谁也没规定说智人一定会诞生。只要这三万多人集体感染了埃博拉病毒或得了艾滋病，又或者一场干旱引起了大饥荒，那一切都完蛋了……我们也就没机会在这里谈话了。

二次探险

多：如果智人出现在近东地区或者非洲，那他们应该也和祖先直立人一样会外出占领其他大陆。

安：是的，这就是第二次人类大迁徙，发生在约十万年前，并持续了好几万年。在直立人时代过去很长一段时间后，一小群在旧石器时代以狩猎采集为生的智人出发了，他们要前去占领五片大陆。公元前六万七千年，他们到达了处于亚洲的中国。公元前五万年，他们攻占了新几内亚和澳大利亚。在公元前四万年，他们到达西欧，也是在那里，我们发现了克罗马农人的化石……在公元前四万五千年到三万五千年，他们又一次来到非洲。同样在公元前四万五千年，他们第一次尝试征战美洲，但以失败告终；公元前一万八千年，他们发起了第二次进攻。

多：我有很多问题想要请教。我们是如何得知这一切的呢？

安：很不幸，关于第二次移民活动，我们掌握的信息并不多。几块儿化石，分别在中国和澳大利亚发现的头骨，还有在各地发现的一些工具以及活动痕迹。这些信息实在是太少了。不过借助曾还原了大陆进化发展过程的古地理学，我们把这些事件都串联起来了。举个例子，我们特别研究过一万八千年前的地理环境，那时的海平面非常低，亚洲东南部的小岛还是大陆的一部分，人类可以徒步从越南走到爪哇岛、中国台湾以及菲律宾。但在帝汶岛以及大陆之间仍然存在着长达九十千米的海湾，这条海湾连接着澳大利亚以及巴布亚新几内亚。

多：那我们的祖先要怎样越过这个海湾呢？

安：或许是坐独木舟吧……不管怎样，他们都成功抵达了。那时候的撒哈拉沙漠比现在的要宽广得多，非洲中部地区还有一条狭长的赤道雨林带，它的两侧环绕着热带草原。显然，一小部分人是被这样的环境骗到了这里，或许这样的环境变化能解释现在非洲人的外貌……事实上正如计算机模拟显示，那个时期在这块土地上曾经发生过大量的迁徙活动。随着气候条件的改变，这里的人有时候以狩猎采集为生，有时候处于半游牧状态……这样的迁移和改变肯定比我们想象中的要多得多。

古老的移民

多：当我们的祖先沿着先行者的路径到达欧洲时，他们意外地发现这里居然生活着一群奇怪的土著——尼安德特人。他们是从哪儿冒出来的？

安：他们应该不会感到很震惊。这些尼安德特人也许是以前长期居住在欧洲的能人的后裔，或者更有可能是从近东地区迁移至欧洲的一群直立人。

多：伊夫·科庞在《美妙的世界史：起源的秘密》里提到过，这两群人相遇以后曾经一起生活了一阵子。

安：没错，在很长一段时间里，欧洲人一直认为这群智人，也就是我们所称的克罗马农人，他们的进化程度更高，是最古老的欧洲人祖先，而尼安德特人则是来自黑暗地带的一群没有进化完全的粗人。这样的说法只是为了宣扬欧洲是智慧与艺术的发源地，其实完全是谬论。一方面，我们现在已经知道，这两个种群生活在相同的时期，掌握了相似的技能，有着同样的文化，比如他们都会使用一些自制工具，都会为死去的同伴举办葬礼后将其埋入土中。另一方面，在 1988 年，我们确定了一批公元前十万年左右的中东智人化石的年代，由此推翻了以前的认知——克罗马农人最早并不是定居在欧洲的，他们来自别的地方。从这个角度来说，我们的祖先也是移民到这里的。

多：尽管这些尼安德特人和其他智人一样聪明，但他们最后还是灭绝了。

安：有些人认为他们是被入侵者灭族的，也有一些人认为他们和智人交配最终被同化……我们没有任何证据能够确认这两种说法。从我们现在获取到的 DNA 片段，还无法得知尼安德特人和克罗马农人是否存在生殖隔离，他们到底是不同的物种，还是现代智人下的两个分支。我们有时会看到眉骨突出或是脑袋形状有点儿三角形的人，这到底是基因突变造成的，还是这些人体内古老的尼安德特人基因在起作用呢？总之，如果我们在街上遇到一个尼安德特人，可能会感到十分惊讶，但他似乎也并没有比我们同时代的一些人看起来更具异国风情。

真正发现美洲

多：您说一些祖先去了大西洋的另外一边——这将是最后一片被占领的大陆。那么美洲是怎么被发现的呢？

安：我们之前讲过在白令海峡上有一座冰桥……那就十分简单了。气候学家称海平面每两万年下降一次，那他们就可以光脚从西伯利亚走过去了。史前时代，在美洲发生了很多殖民事件。在巴西，我们发现了四万五千年前人类殖民的痕迹。

多：那第一批美洲人后来怎么样了？

安：我们不太清楚，他们可能留下了自己的后代——美洲印第安人，或者，更有可能的是他们的后代也消失了。在这片大陆上，我们没有发现公元前一万八千年前的人类踪迹，正是从这个时候，美洲印第安人的殖民活动正式开始了，一波又一波的人从白令海峡抵达美洲。

早期全球化

多：所有经历这场冒险的男人和女人，他们都得应对大自然。他们生活在不同的大陆上，过着和几千年前的祖先们一样的狩猎采集的生活。

安：是的，这些狩猎采集者的生活十分脆弱。在那个时代，人类数量仍然非常稀少，在热带森林、沙漠和西伯利亚这些不同的环境中，人类显得更加孤立。四分之三的孩子由于疾病、断奶所引发的营养不良或饥荒夭折了。

多：饥荒？正如之前描述的，那不是个丰饶的时代？

安：狩猎采集者常会遭遇饥荒，他们的生存环境非常恶劣。一万年前，因为农业和畜牧业的出现，这种情况才有所好转。人类有了充足的粮食，数量才大大增加。从大量的坟墓以及这个时期的化石来看，人口数量增加到了原来的三倍。

多：在两万年前或者说在公元前一万八千年，地球已经被完全占领了？

安：是的，公元前三万年左右，人类已经征服了四片大陆，如果把第一次美洲殖民也考虑在内的话，那还得算上美洲大陆。在公元前一万八千年左右，除了太平洋的一些岛屿后来才被征服以外，实际上他们占领了五片大陆。地球确实已经被完全占领了。

第三场

人类的春天

历尽千辛万苦，我们的祖先终于安居在他们所征服的土地上。自此，人类的多样性因群体、民族和语言的分化得到了极大的发展。

抽签

多：好啦，地球完全被人类征服了，他们是之前讲过的那些为数不多的原始居民的后代，属于同一物种，分别居住在五片大陆上。那么，他们是怎样进行区分的呢？

安：尽管地球上到处都有人类的踪迹，但人口总数仍然很少。可别忘了，外出寻找其他土地的人都算在三万个里了。在征服世界之后的几千年里，人口数量也没有显著增加。但这些外出冒险居民的基因与原始居民细胞中的并不完全一样。

多：这是为什么呢？

安：尽管他们都携带了这个物种的基因，但每个个体都是独一无二的，他们从父母那里遗传来的基因组合方式也不尽相同。每一次迁徙都像是一次抽签，他们通过一定的方式随机从人类共有的基因库中抽取基因。那些本就十分罕见的基因很难显现出来，但毫无疑问的是，普通的基因是可以显现的，但所占比例都不一样。所以，移民者携带的基因并不能代表原始群体。虽说所有人都从相同的基因库获取基因，但基因的分布以及频率均不一样。随着时间的发展，一代又一代的群体与他们的祖先渐渐区别开来。

多：人类因迁徙分离，他们的相貌也会因此发生改变吗？

安：是的，基因的游戏远不止于此。史前时代，环境扮演着一个选择者的角色，它会留下适应力最强的个体。这就是相貌、身形以及肤色不同的原因。

多：但环境又是怎样扮演这个选择者的角色的呢？拿我们皮肤的颜色来说，假如第一批来自近东地区的欧洲人，他们的皮肤是黝黑的，那他们的后代是怎样变成白皮肤的呢？

安：为了回答这个问题，我们不得不研究当下的人类。我们建立了一张世界人口肤色分布图，至少根据近期定居的人口，我们发现肤色分布图与日照强度图十分吻合：生活在日照充足地方的人们皮肤颜色会深一些，而在阳光没那么充足的地方，人们的皮肤颜色会浅一些。

皮肤上的阳光

多：那阳光又扮演了一个什么样的角色？

安：目前，我们已经知道有爱尔兰或者瑞典血统的冲浪者比生活在沙漠里的澳大利亚原住民更容易得皮肤癌。从这点来看，我们的祖先携带着这种疾病基因。历经成千上万代，这个弱点可能会产生死亡率的差异：热带地区的居民中浅色皮肤的后代较少，这也就能解释为何这些地区的人皮肤会变深。

多：但为什么光照越少，皮肤颜色会越浅呢？

安：这里给出另外一个猜想：维生素D对于骨骼生长来说是不可缺少的，为了预防佝偻病，我们也会给孩子补充维生素D。为了应对紫外线对皮肤的伤害，人体组织会自发地生成维生素D。在阳光没那么充足的地方，深色皮肤的人生成的维生素D比浅色皮肤要少，因此更容易得佝偻病。还有一个猜想，在史前时代，不管是在温暖或寒冷的地方，深色皮肤的人得佝偻病的概率更大。经过多代以后，最终浅色皮肤的人被选择了。但这仅仅是推测。

巴布亚人与班图人

多：来到不同纬度，我们祖先的皮肤换了一种颜色，这至少需要多长时间呢？

安：非常快。但也要经历成千上万代人……公元前两万年到公元前五千年，印第安人到达美洲。我们留意到居住在危地马拉或者哥伦比亚的居民，他们的肤色要比加拿大人或者阿根廷人的深。一万五千年足以形成这种差异。在东南亚，美拉尼西亚人皮肤黑一点儿，波利尼西亚人白一点儿，而他们的基因和文化都十分相似。

多：外貌相似而基因不同，这种情况可能出现吗？

安：在对比大洋洲的巴布亚人以及非洲班图人的基因时，我们发现他们的基因很不同：巴布亚人的基因和越南人、中国人的基因很像，而班图人的基因和其他非洲人类似，这似乎很合理。但是，他们在外貌上很像：因为都生活在热带森林中，他们身材矮小，头发短卷，皮肤黝黑。这一切都是为了证明，在史前时代居住在同一类型地区的人会具备适应该环境的相似的外貌特征。

错误的种族

多：所以，基因和环境决定了人具有不同的特征。或许应该使用“族群”，科学上已经不再使用“种族”这个词了，不是吗？

安：是的，历史上关于种族的研究大多是一些推测。当然也有部分科学的研究。长期以来，人类学家根据皮肤的颜色进行人种分类：白色人种、黑色人种以及黄色人种。20 世纪初发现了血型系统，于是我们想通过血型分类，进一步确定种族的存在。一些纳粹主义者企图证明 B 型血的人具备外国人的特征，象征着混血，而纯种雅利安人则不具备这些特征。荒诞至极！接受一个相同血型的巴布亚人的血好过接受一个相同国家不同血型的邻居的血。器官移植同理。

多：其他的基因呢？

安：世界上有成千上万个不同的基因系统，但是白皮肤的基因和黑皮肤的基因都不存在。我们在白人、黑人以及其他人身上都没有找到这种基因。还有一些为人熟知的基因也一样。

“二战”以后，科学家们发现所有人共用一个基因库。欧洲人常见的基因可能在东方人或者澳大利亚人中十分罕见，但它们仍然存在。基因差异不能根据皮肤颜色或地理位置分类表现出来。这些分类方法不能完全划清种族界限。

多：划分成相似的基因群体也不行?

安：当然不行。随机选择两个人，如果他们来自同一个群体，那基因的相似率就会比来自两个群体的高。但这并不能形成相似的基因族群。可能很难理解，简单来说，我们不能通过简单的基因分类法进行种族分类。如果想把 A 型血的人汇集起来，那地球上所有 A 型血的人都应包括在内。如果对 Rh(+) 血型感兴趣，那在世界上也能找到另外一个 Rh(+) 血型的人。根据选择的不同分类标准，比如肤色、血型以及高矮胖瘦等，每一次都分属于不同类别。

人类画卷

多：尽管如此，地球上的人形形色色，但仅仅是外貌上有差别吗？

安：不应该只关注外表。1784 年，赫尔德[①]写下这段话作为对种族分类狂热者的回应："世界上的种族既不是四个也不是五个，所有种族共同构成了一幅贯穿历史以及遍布世界各个角落的巨大画卷。"

多：真厉害！这可谓是先驱！

安：是的。1924 年，来自日内瓦的人类学家欧也妮·皮塔尔发表声明称，同一种族的不同个体差异非常大，包括代际之间连续性的差异。最新的一些发现证明了这个观点：种族自身差异十分巨大。就肤色而言，我们发现一个种族内部的皮肤颜色范围特别广，尤其是深色皮肤……如果一直在地球上溜达，渐渐地，我们就会看到人类的一些持续变化。

① 约翰·哥特弗雷德·赫尔德（Johann Gottfried Herder，1744—1803），德国哲学家、神学家、诗人。——译者注

多：这种持续性以及变化，我们目前还可以观察到吗？

安：可以。在一万到三万年间，基因变化不大，改变的是相貌、身材、肤色，尤其是文化、宗教、语言。

唯一的语言

多：我们可以想象一下，早期殖民者在与原始群体分离的过程中形成了一些区别于原始群体语言的方言，新的语言就这样诞生了吗？

安：一直都没有证据表明，语言是在各个地区独立创造出来并由此衍生出了其他多种不同的语言。在西方，关于各大语系关系的研究被科学团体嘲笑并禁止。当前，我们认为世界上只有一种原始语言，它衍生出了多种语言。

多：有什么证据呢？

安：有很多证据。在诺姆·乔姆斯基之后，语言学家发现了每种语言都有自己的语法结构。我们知道，不管什么国籍的孩子都有能力去说一门语言。出生以后,他有学会所有语言的可能性，但渐渐地就会失去语言学习的优势。因此可以推测，在学习语言上，所有人都有发声以及造句的能力。后来，语言学家重新梳理了现存语言的关系，并且认定几大语系的关系很远。

多：他们是怎么做的呢？

安：他们仔细分析了一些非常重要的关键词，必不可缺的要素，比如水、我、你……在不同的语系里进行比较。由此，划分出了四大非洲语系：科伊桑语系、尼日尔－刚果语系、亚非语系、尼罗－撒哈拉语系。美洲也有三大语系，但尚有争议。美国语言学家梅里特·鲁伦发现一些种族可能有几种语系。这就是类似于基因化石以及骨骼化石的“词汇化石”。所有的一致性都证明，可能在公元前五万年到公元前两万年间，目前十二个语系的五千多种语言都源于一种古老的源语言。

基因具有发言权

多：这个观点与您之前提到的在差不多相同的时期，有一小批人类开始四处迁移的想法完美地贴合。

安：是的。美国学者卢卡·卡瓦利－斯福扎首次将各大洲的语言多样性以及基因多样性进行了对比。这一举措看似有些怪异。我的团队在非洲也做了类似的研究。我们惊奇地发现语言和基因间存在着密切的联系。人在基因组排列分布上越接近，他们的语言就越类似，其词汇库也越统一。

多：对此该如何解释？

安：我们都知道，并不是基因组决定了人们日常交流所使用的语言。不管婴儿出生在哪里，他都将会学习其出生环境所通用的语言。语言和基因间此类平行关系的出现，有可能是在公元前三万年到公元前三千年间，人类四次席卷非洲大陆所致，这也符合非洲的四大语系。各大群体间的交流并不多，所以他们的语言快速分化，基因频率也同时发生变化。

多：这持续了多久？

安：语言的发展是迅速的。想想一千年前，处于中世纪的法国人所讲的法语，放在如今很少有人能懂。而法语和意大利语已向外传播了将近两千年……语言的变化比基因的进化快多了。两三百年足够产生多种方言，继而一些新的语言便诞生了。相较之下，基因则需成千上万年才能创造出一些人类可感知的不同之处。这两者并不处于同一时间梯度上。

大融合

多：来到更近一点儿的时代，我们将会与让·吉莱纳谈论新石器时代的重大变革。一旦人类分散、重新定居、基因与语言变得不同之后，我们认为接下来将会逆转，即人类之间会重新开始沟通。

安：没错。这种现象在公元前一万年的新石器时代开始出现并加速发展。人口增多，五大洲的人们开始往来，彼此间的联系也愈加频繁。越多的人相互接近，他们之间交流、通婚的概率增加，他们就会越来越相似。相反，人们之间越是疏远，两者间的基因差异也就愈大。正是因为全球范围内的人口流动，才会形成当今世界人种基因的分布情况。

多：是怎么知道的？

安：现已证实，全球不同人种的基因库的差别和他们相隔的地理距离间存在着联系。人们认为这种联系不仅是因为飞鸟的传播，还考虑到了各大洲的形状以及在史前时期各大洲之间必经的过道、高山、海峡。现代人类的历史建立在这一根基之上，在局部的外围略有差异。人们不应将其视为世界人种的又一次分离，而应将其看作一场人类的交流，这个混合进程是永恒发展的。

多：是这场人种的混和促成了如今人类的多样性吗？

安：是的。有人认为人口流动网络已经存在许久了，也许在五十万年前就已出现。但考虑到那时候人类数量之少，这个猜想站不住脚。其他人认为，在旧石器时代便出现了不同的人种，或者说一些具有明显差异性的类型。这也是一个受少数人支持的观点。就算这个猜想是真的，那么新石器时代也已经把这种差异消灭了：新石器时代是一个推土机，一个基因搅拌机……一切都渐渐融合，也正是这种融合促成了当代基因的多样性。

不同的你我

多：我们适才谈到的那些大事件解释了人类在生理及身体上形成的特征。当今人类既是旧石器时代的祖先所领导的多元化运动的结果，也是旧石器时代之后基因大融合的产物。从那以后，人类就再也没有改变过了吗？

安：一般来说，当今人类在基因构造上十分相似，但在外形上却呈现出了很大的不同。事实上，外观——肤色、体型等——都是与外界直接相关的，都是非常不稳定的，在最初的人口移动后就快速发生了变化。相反，像“引擎”这类内部结构却不是能被轻易改变的：人体的 206 块儿骨头从第一批灵长类祖先开始便几乎再无变动；尽管有一些基因的存在会使部分个体身上出现一些变动，但现今人类的基因组成与我们的祖先相比并无巨异。人类的这份共同遗产来自史前五千到一万名祖先们。随着时间的推移，这份遗产至今已惠及几十亿人，并且始终如一！此外，如果人们把当今所有人类的基因收集起来，会得到一份与在东非、近东、印度半岛地区发现的基因组类似的基因标本。

多：今天的科学证实了关于人类起源的几大论点：人类起源地只有一个；人类具有共同的祖先；只存在一种母语……如果人们想从中提取出一些结论，那便是：外表是区分人种的唯一标准；如果把人类的内部构造和最隐秘的细胞组成考虑在内，人类大多都是相似的。

安：就是这样。一些人总想着找出不同人种间的差异，这是不可能的。人们能想出的人种分类依据都具有随意性。不能区分人种的不同并不代表着种群间不存在差异。相反，人类之间的差异性是无边无际的，简直到了让人瞠目结舌的地步。我们具有相同的祖先，基因分布相似，就连各自说的语言都是同一语言的衍生物。而作为个体,每个人都是独一无二的。事实上，人类种群都是在特殊环境下形成的，每个人都有独特性。从第一批祖先开始，已经有约八百亿人在这个地球上死亡，但在人类历史里从未出现过“两片完全相同的树叶”。我们每个人都是不同的……

第 二 幕

征服想象力

Acte 2

LA CONQUÊTE DE L'IMAGINAIRE

第一场

艺术的起源

一条条让人浮想联翩的彩色线条，一个个被印刻在石头上的动物轮廓……人类这些前所未有的创举，显露了自身的奥秘。

美学的雏形

多米尼克·西莫内（以下简称“多”）：我们的祖先以小群落的方式居住在这个星球上，并向着多样化发展，拥有了各自独特的语言……再一次，他们因新的举动脱离了动物界，创作第一幅画、第一件雕刻……在那个时期，人类就已经拥有艺术或是具有艺术的概念了吗？

让·克洛特（以下简称“让”）：是的。三万五千年前，当时的人类，也就是智人，他们拥有和我们一样的神经系统、概述能力和抽象思维，几乎同我们一样聪明。他们也拥有和我们一样的人性。当然，他们看待世界的方式与我们有所不同，却并不一定比我们低等。不管怎样，每次在发现智人的踪迹时，我们都能找到他们进行艺术创作留下的痕迹。

多：我们可以认为，艺术诞生于一场走向复杂的持续性演化。先是宇宙和生命，接着由人类继续去发展文化、智力、感知……我们是迎来了艺术的“大爆炸”吗？

让：算不上一场“大爆炸”，因为我们无法确定艺术是在何时诞生的，我们甚至都没能找到一个明显的开端。事实上，我们要去寻找艺术出现的根源，也就是研究安德烈·朗加内所说的那个最原始的时期，那个时期甚至要比智人在地球上出现的时间还要久远。

多：那我们究竟要回溯到哪个时期呢？

让：我们无法确定人类的第一次艺术活动是在何时何地发生的。这其实并不是一个具体的事件，而是消失在时间里的一连串微小动作。拿起一根棍子，像大猩猩一样把椰子或香蕉从树上弄下来，这不是艺术。但若是打造一件双面石器（一块儿两面经过打磨的锋利石头），追求对称工整，在骨头的顶端刻出有规律的条纹，或是收藏一些外形不一的贝壳和水晶，难道这些行为只是出于好奇心吗？还是说出于美学意识的觉醒？没错，这就是艺术感知的开端。

多：因为这些行为都需要运用人类的想象力吗？

让：是的，这些必然与想象力有关。也许这种能力还处于萌芽阶段，但这正是人类特有的能力，是人类与动物的本质区别。我认为艺术诞生于人类将现实转化成意识形态的那一刻。越是去研究艺术的起源，就越能确定美学意识诞生于原始时期。而那些“非实用型”的艺术活动痕迹，甚至能追溯到二三十万年前。

六块儿神秘水晶

多：二三十万年前！那么早吗？

让：是的，也许还要更早。在以色列，我们在超过二十三万年历史的沉积层中，发现了一块儿经人为打凿后拥有女性形体特征的石头，其头部特征十分明显。这就是人类早期的艺术杰作吗？公元前三十五万年到公元前二十二万年，智人曾在比尔津斯莱本生活过，也就是在现今德国图林根州的哈勒市附近。我们在那儿发现了一块肋骨的碎片儿和一块大象的长骨头碎片儿，上面刻着一系列线条和切口。

多：这可能也是数学的起源？

让：我们在研究那些有二十三万年历史的文物时，不能太过胡乱猜想。这些痕迹很有可能是人类偶然间留下的，并不是刻意去做的标记。说到数学的起源，智人在不久后就能够进行计算了。

多：还有其他证据吗？

让：在印度拉贾斯坦邦的辛吉·塔拉特，有一处十五万年到二十万年历史的旧址，我们从那里的一块儿岩石上分离出了六块儿水晶。但这个地区并没有这种岩石，因此水晶可能是从别处带来的。我们在其他的考古旧址发现，祖先在几千年以前就已经开始使用赭石了……

多：怎么能确定他们使用赭石是出于艺术的用途呢？也有可能用这些赭石给皮肤染色，用来防腐。

让：是的，有这个可能。但如果他们用赭石来染色，他们的手也一定会被染红，甚至还会在手臂和脸颊上留下颜色的痕迹。或者他们使用赭石在身体上绘画，我们也不能排除这种推测的可能性。

多：如果只是单纯地看骨头上的那些线条、收集石头，还有一些有颜色的痕迹……这些仍然称不上是艺术啊……

让：那我们就称之为“艺术的前身”吧。我们无法确认这些活动是否是一种有意识的、象征性的行为。收集相似的贝壳和碎石，就能说明是在追求某种一致性。收集一些与众不同的石头，很有可能是被它的独特之处所吸引……可以说，我们在这个过程中看到了人类改造世界的开端。动物走在金矿上时，它们只会小心翼翼，以免碰伤了爪子。但直立人收集这些金矿碎石，就预示了另一种含义。他们的好奇心被激发，开始以某种视角看待周围的世界，并且一下子就发现了某种奇特的东西。我从中再次看到了艺术思维的萌芽。但我认为，是现代人让“艺术的前身”提升为真正的艺术创作活动。

艺术大师现身！

多：三万五千年前，现代人才开始掌握那些复杂的技术，比如绘画、雕刻和雕塑。这是真正的艺术。是什么促成了第一幅绘画、第一件雕塑的诞生呢？

让：动物的脚印在艺术的发源过程中扮演了重要的角色。旧石器时代的原始人知道如何判别猎物和猛兽的足迹，然后教给后代辨别这些印记的方法。为了更好地进行辨认，原始人画下动物的模样。这很可能就是当时艺术的体现方式，但也有可能是别的原因。长期以来，我们都认为后来更复杂的艺术表达形式都是在这些原始粗糙的草图基础上逐渐演变来的，但是最近一些考古发现证实了这个想法是错误的。

多：您的意思是，这些古老的画作一开始就是在艺术思维的推动下直接创作出来的？

让：是的。我们在德国施瓦本汝拉山发现了一些用猛犸象牙做成的小雕像，有些像是人类，不过更多的还是动物。它们虽然是远古时期的作品（三万到三万五千年以前），但其中一部分是自然和人工巧妙结合的成果。艺术的概念出现之后，有天赋的人很快就能创作出精彩的作品了。

昙花一现的作品

多：可以想象到大部分的早期作品都没法保留下来。

让：是的。我们只了解到了幸存的作品，也就是那个时期的一小部分艺术作品：石头、象牙或骨头制成的小物件，还有岩壁上的画和雕刻……但其他的作品，像木质的、皮革类的以及软黏土类的作品都已经消失了。还有歌曲、舞蹈以及神话……我们早期文化的核心部分已经永远地消失了。

多：**真的如您所说，当时的文化如此丰富吗？**

让：不妨想想现今还幸存的亚马孙部落，他们唯一的艺术就是人体彩绘……或者看看纳瓦霍部落的印第安人，他们会在沙子上作画……假如史前的人类是通过这些方式表达情感和信仰的，而我们可能会认为他们不懂艺术，那我们就错了。能肯定的是，至少在三万五千年以前人类就已经开始使用不易腐烂的材料了。

数以千计的岩画

多：那我们能说，在当时这是一场真正的艺术大爆炸吗？

让：可以。但是旧石器艺术经历的时期实在是太长了，从公元前三万八千年开始，也就是冰期，现代人类迁移到欧洲，一直到一万多年前的新石器时代初期。在这段时间内，艺术以绘画、岩壁石刻、小雕像和雕塑的形式展现出来，大部分描绘的是动物，人类的形象很少出现。并且我们还能不断地找到新的线索，用来推测祖先的创作高峰。我们还发现，艺术创作并不只是发生在欧洲。

多：还有哪里呢？

让：全世界！在非洲，我们找到了一些有着两万七千年历史的薄板画，我们还找到了一些四万年前的澳大利亚岩画！我认为，像在中国和印度这样的国家，考古学家仍应继续探索，总有一天能找到更加古老的艺术作品。显然，最开始的艺术创作并不是一种特定文化或某个族群的产物，而是深深扎根于所有智人的天性中。

多：岩画是一种全世界通用的表达方式吗？

让：是的，贯穿古今。这是一种在岩石或岩壁上进行创作的室外艺术。最近，葡萄牙人在科阿峡谷的峭壁以及杜罗河支流的陡坡上发现了数以千计的岩画。从这些画中，我们能够联想到那些已经消失的不计其数的作品。白驹过隙，现在我们能看到的是那些被保护起来的岩画，尤其是洞窟岩画。

“爸爸，公牛！”

多：我们来说说洞窟壁画。1940年，我们找到了极具盛名的拉斯科洞窟壁画，人们认为再也找不到比它更美的壁画了。随后，我们又在卡西斯海湾下找到了科斯克海底洞穴，洞穴里有两万五千年前到一万七千年前的动物壁画。还有，阿尔代什省的肖维岩洞内有着三万一千年历史的壁画，是现今被发现的世上最古老的壁画。人们相信，地球上最隐蔽的角落都已经被搜寻过了，所有的洞穴也都被探索过了。但同时，探掘从未停止。我们应该怎样看待这些艺术作品呢？

让：可以把史前史想象成一根长长的链条，我们时不时地能从这根链条上发现新的一环。我们需要用发展的眼光去看待考古发现。正是因为我们不断地在探寻，才能获得新的发现！1879年，人们发现了阿尔塔米拉洞窟壁画。那时，我们刚刚确认了史前艺术的存在——人们发现了刻在骨头上的猛犸象和驯鹿图案。一天，一个名叫马塞利诺·桑斯·德·桑图奥拉的西班牙人，在家附近的阿尔塔米拉洞窟附近进行考古探索。他的小女儿在岩洞入口玩耍，抬起头看，突然叫起来：“爸爸，公牛！”马塞利诺对这些壁画进行了研究，他认为这些是野牛，而不是家养的公牛。他靠着天生的直觉和勇气，非常肯定地宣布："这是史前的壁画！"

多：在19世纪末，没人会相信原始人能有这样的创造性思维。

让：是的，没人会相信。在当时，大部分权威人物都不敢说这种话，他们都觉得马塞利诺是错的。他们认为原始人是无知的，没法创作出这么漂亮的作品。这一发现并不符合当时的主流观点，就像从宝藏身边路过，却没能发现。事实上，人们只能发现已知的东西，首先得提出一个概念或猜想，然后才能去寻找证明。比如说，在几年前，洞穴学家们一直在法国多尔多涅河南岸的多姆洞穴里进行研究。一天，有人用一种特别的角度照亮了洞穴顶部，却发现了一块一米宽的猛犸象雕刻画！几千人从它的底下走过，但从未注意到。他们本来计划在这里寻找的是壁画，而不是雕刻画！

另一种视角

多：是因为如今我们改变了观察视角才让考古工作有了更多发现吗？

让：是的，我们的观察视角和研究方式变了，但偏见难以消除。当我们发现科斯克洞穴和原始动物壁画时，那些自以为是的人就会提出他们的质疑："竟然有人认为企鹅在普罗旺斯出现过！""水下洞穴？里面有海豹和企鹅？您肯定不是认真的！"拉斯科洞窟壁画的发现在当时也引起了很多怀疑和争论，但可以肯定，科斯克洞穴曾在两个时期被访问过，这两个时期相隔久远，一个是在公元前一万七千年，另一个是在公元前两万五千年。洞穴内部的水下动物壁画恰好记录的是冰川时期的动物，这是我们已知的。至于肖维岩洞壁画，其创作时间仍存有争议。我们想象不到大约在公元前两万九千年，一个如此古老的时期，祖先们能够创作出那么精良的作品。但我们已经在不同的动物壁画上获取了四个相符的时间点。

让枯枝说话

多：那么，所有的这些时间点，哪个是最准确的？您是如何确定这些如此久远的时间点的？

让：借助一些古老却有效的方法，比如放射性碳能帮助我们研究原始动植物。所有生物体内具有的放射性碳元素会以固定的速率衰减，经过一个半衰期，它们的质量就会减少一半。由此，我们可以计算出消耗的数量，从而推算时间。显然，一件物品越是古老，它的碳元素含量就越少，推算的时间也越不精确。对于壁画来说，所有的科学手段都得用上，它们能告诉我们答案。

多：比如说？

让：烧过的小树枝可以用来当画笔。我们研究那些用木碳画下的点和线,测定洞穴的状态,检测里面消失或被腐蚀的元素。没有头的野牛代表什么？我们请到了地下气候学的专家，让他们帮忙测定腐蚀情况，监测无法用肉眼看到的线条。他们拍下了红外线和紫外线的照片，还做了详细的颜料分析。如今，只要在画上提取比大头针针尖还细的颜料样品就可以进行分析了，这样可以避免毁坏原画。用一毫克的碳粉就能确定年代！借助物理学家的粒子加速器，可以得到非常准确的日期。二十五年前，为了确定日期，我们用到的分析工具比现在要多 5000 倍！就像安德烈·朗加内所说的那样，也许在未来，我们能够找到化石的 DNA。

多：但这些和壁画有什么关系呢？

让：可以想象一下，一位史前艺术家在画上留下了自己的唾沫，也就是留下了一些细胞，如果我们能够对细胞进行检测，这将开启新的大门……

透视法

多：我们可以幻想一下……在三万一千年前，我们的祖先在作画的时候会想到他们的作品能流传到这么久远的时代吗？

让：没人说得清。可能仅仅是因为壁画能被保留下来，所以才成了广泛传播的艺术形式。人类根据不同材质的岩石，进行了一系列创作，比如精雕细刻、削磨、标桩、深雕或者在柔软的覆盖层上用手指描摹，就像小孩子在脏脏的车窗上画画。在洞穴的内壁和拱顶上，我们找到了各种用手指画出来的痕迹。一般越是精细的壁画就越难以修复，因为雕刻家们往往会使用坚硬的尖头石，比如燧石。他们会除去岩石的表层，使其表面变白。但经过上千年的时间，壁画的色泽会发生变化，颜色变得与邻近的岩石相同。为了让壁画重现，我们用斜光打上去，这样就能够让壁画呈现出一种浮雕般的立体效果。

多：不管怎样，这些画都是非常令人难忘的。如果有机会能够去到拉斯科洞窟，我们一定会被折服。一万七千年以前的壁画仍然令人叹为观止，闪闪发光的赭石颜料让画作也变得耀眼起来。

让：拉斯科洞窟现在并不对公众开放。科斯克洞穴在水下，这些艺术作品被很好地保留了下来，所以一定引人入胜。它们足以说明在当时已经具备了成熟的艺术创作思想。三万年前或三万五千年前，我们的祖先已经掌握了所有的艺术技法。他们借助洞穴内壁上天然的纹路，塑造出了浮雕。他们知道如何用二维手法去表现三维效果，这一点在肖维岩洞壁画上就能看出来。几千年后，他们为了能够触碰到拱顶，在拉斯科洞窟里搭起了脚手架，现在甚至还能看到那些固定脚手架的洞。

多：他们那时候就已经发明了透视法？

让：正是。这项技术很容易被辨认出，并且它的出现绝非偶然。

油画出现了!

多：当时的画作主要使用的是黄色、黑色和红色，那他们是怎样制造颜料的呢？

让：他们收集各种碎石。三氧化二铁和黏土混合起来就能创造出赭红色的颜料；二氧化锰或碳是黑色的；二氧化铁是红色的。他们用不同颜色的石头画画，就像我们现在用蜡笔画画一样。现在很难辨别这些画作用了什么颜料，要进行专业的测试才能分析出结果。

多：那他们是怎么用这些颜料作画的呢？

让：拉斯科洞窟壁画上的动物是用嘴吹出来的，或者借助空心的骨头。他们也用手指或者马鬃毛和其他动物的毛做毛笔。现在这些工具肯定已经消失了，但我们能用显微镜观察这些线条，然后辨认出他们所使用的工具。我们还研究了石头和内壁上的颜料线条，这些石头和内壁可能还被用作调色板。

多：画画用的工具就齐全了……但他们一开始使用的是石头，后来是如何获得能用毛笔上色的颜料的呢？

让：把碎石捣成粉末，再加上黏合剂。至于他们用的是什么黏合剂，我们以前认为是水。我们还曾考虑过尿液、蛋黄，还有澳大利亚土著经常用的血液。直到现在，我们从未在欧洲壁画上检测到刚才所说的那些黏合剂。相反，通过在比利牛斯山区的封达耐洞窟和三兄弟洞窟所进行的复杂研究，我们知道大约在公元前一万两千年，一些艺术家会用动植物的油脂作为黏合剂。

多：油画出现了！

让：正是。和现代画家一样，旧石器时代的人类也会尝试各种各样的方法去完善作品。他们在颜料里加上“填料”，也就是一种惰性材料，它可以节省颜料，并且让颜料更聚合，不会龟裂。在比利牛斯山区，大约有30%的洞窟壁画里可以明显找到这种填料的痕迹，并且这种填料来自该地区的一种矿石中。

多：那在旧石器时代颜料就已经产生了！

让：我并不认为这些技术一直在进步。艺术史从那时起就拉开了序幕，并且趋于完美，可能这一过程并不是直线发展的。但可以肯定的是，有些技术被发明，被遗忘，又在别处被重新发明。千百年来，代代相承的艺术家们从不否认：他们不过是重新发现了祖先的秘密罢了。

第二场

精神世界

传奇的马匹、神秘的野牛、模糊的人像……我们的祖先曾在洞穴中绘画、雕刻，向我们传承了洞穴之美。

光与影

多：我们的祖先为了专心创作他们神秘的艺术作品才进入了洞穴。为了找寻它们得花些时间，不过人类的早期艺术值得我们这样去做。为了进到阿列日省尼奥洞窟的“黑色展厅”，我们必须穿过好几千米的地道，走过崎岖的迷宫。手中的火炬照亮了内壁上野牛与马的图案。我想问，史前时代的人是否一开始只是在岩石上创作，后来慢慢变得大胆起来，才去到了地下的洞穴里呢？

让：不，并没有这样一个漫长的过程，而是光明和黑暗中的艺术共存的局面。从公元前三万三千年到公元前一万八千年，艺术创作分化为这两种趋势。到更近一些的时期，黑暗中的艺术占了上风。诚然，岩石艺术十分普遍，但正如伟大的史前学家安德烈·勒鲁瓦－古朗先生所强调的那样，在人类的历史上，洞窟艺术是一次特例。因为它几乎只存在于欧洲的旧石器时代晚期。我们在中美洲、大洋洲以及美国几乎都找不到相同的例子，在非洲则完全没有。这是文化层面的选择，标志着一种特有的精神状态。

多：那是什么造就了它的特别呢？

让：在很长的时间里，从公元前三万五千年到公元前一万年，我们注意到洞窟艺术的创作技艺和表现手法存在一致性。在这两万五千年间，我们的祖先竟然都在进行同一种艺术创作！在欧洲，我们只找到了大约350个这样的洞穴，算起来并不多。但从乌拉尔河到安达卢西亚，我们竟在这些地方找到了具有相同风格与类型的画作。这些画作之间虽相距遥远，但都十分相似。当然，洞窟壁画形形色色，但它们之间的相似性是不容置疑的。就算比较三万年前的肖维岩洞壁画和一万三千年前的尼奥洞窟壁画，也很难说出它们的区别，但绝对能够一眼认出那都是史前的画作。

艺术家的肖像

多：这些画作是真正的艺术家创造出来的……他们到底是谁呢？

让：他们是安德烈·朗加内所说的原始人。他们在小河里捕获鲑鱼和鳟鱼，还会狩猎。他们的猎物不仅有野马、野牛、驯鹿，有时野山羊或原牛也是他们的目标。他们的妻子采摘野果，挖树根和蘑菇，这些都是他们主要的食物来源。他们过着半游牧的生活，会在某地待上几个月，随后离开去往别处，比如迁徙中的驯鹿经过的地方会是他们的新家。我们可别忘记那时是极为寒冷的，地球正处于最后一个大冰期，当时的法国南部就像今天的瑞典。

多：当时的他们就如野生生物，与其他动物和大自然都极为亲近。

让：这样说也没错。他们拥有我们早已失去的天赋。让我们跟随丛林里的非洲人或是沿着丛林小道去看看，一切就都明白了。我们什么都发现不了，最多能在沙地上看到一些脚印。

但他们就能告诉你，一个半小时前有一只羚羊从这儿经过，它大概有多少公斤，它的左脚还瘸了……我们的祖先可不会弄错！他们确实拥有这样精准的观察力。

多：他们过着群居生活吗？

让：很有可能，或许是二十个左右的人在一起生活。如果只有一对父母和几个孩子的小家庭，只要其中一个大人遭遇不测，那他们都无法存活下去。同样，那种有上百人的群体也无法生存，因为根本没那么多食物可供分享……在小群体里，他们可以分工合作，比如采摘、狩猎、准备食物、制作衣服和工具等，而他们的社会地位也是相对平等的。

多：那不同群体之间会进行交流或者互相学习技术吗？

让：种族比较研究提出，生活相距几十千米的群体会组织季节性的集合。他们在这些聚会当中建立联系，交换食物与生活用品，男性与女性通婚……在法国勒马斯-达济勒的出土遗址上，我们发现了与之相距三百千米的大西洋贝壳。这就说明，我们的祖先经历过迁移，遇到不同群体，相互学习技术，交流看法，讨论历史以及艺术。

既无舞者，也无群星

多：那么，在这些神秘遥远、深不见底的黑暗洞穴里，我们的祖先将画作与雕刻留了下来。当微弱的灯光照亮洞穴之时，他们的杰作一下子就生动起来，那些巨大的原牛、母牛、公牛以及有着黑色鬃毛的骏马、惟妙惟肖的雄鹿和成群结队的野牛……这些和我们在拉斯科洞窟及其他洞穴中所看到的动物图画是一样的。

让：实际上都是原始动物的画像，大部分动物拥有巨大的体型，多数是现代人没有见过的食草动物。我们还找到了一些神秘的字符，甚至一些人像草图。但还得关注我们在地下壁画中没有见到的东西。

多：您是说……

让：那些艺术家们从来没在壁画中描绘太阳、月亮、云朵或星星。植物也同样被忽略了，既没有树，也没有草，更别说自然风光了。没有草棚，也没有房屋。我们也没找到描绘他们唱歌、跳舞或是做饭场景的壁画。日常生活并没在壁画中展示出来。看来我们的祖先进入黑暗洞穴的深处，显然不是为了画他们的日常生活，至少没在壁画中显露出来。可以肯定的是，这种艺术形式并不是用来描述生活的。

动 物

多：但他们会画各种动物。

让：是的。但在不同环境的影响下，他们可能会选择不同的对象，比如科斯克洞穴壁画上有海里的动物。肖维岩洞壁画上的动物大都十分罕见且危险，比如犀牛、猫科动物、猛犸象和熊……这并没有囊括全部的大型猛兽，但算得上是一幅大型斗兽场的画面。我们在沉积层中发现的狼、狐狸、家兔和野兔等并未出现在洞窟壁画上。同样，鱼、鸟、蛇、水獭、貂熊、鼬鼠、黄鼠狼也几乎不见踪影，更别说那些小小的昆虫了。然而，马、野牛和野山羊倒是出现得相当频繁。这鲜明地体现出当时人们的选择倾向。

多：不管怎么说，尽管已经过去上千年的时间，这些动物还是如此栩栩如生，上面的猛兽仿佛就要跳出来一样。我们的祖先是怎样创作出如此写实的画作的呢？

让：他们并不只是画出了马群、野牛群和猛犸象群的整体轮廓，而是认真细致地描绘了每个动物个体。我们可以很容易地区分这些个体的公母、年龄和姿势。比如，通过观察细节，我们能辨认出画作上的是一头成年公野牛，用爪子在刨土，因为它很愤怒。

多：您为何能如此准确地描述呢？

让：考古学并不专属于考古学家。我们也会咨询其他专家，比如一些艺术家……有一位专门研究欧洲半放养状态野牛的动物行为专家，他曾经教我如何去辨别野牛的性别和年龄，以及如何在壁画上从不同角度，比如从上面、正面，去辨别确认爪子的位置。只有这样，我们才能确认原始艺术家画出了它们的原貌。事实上，画作中还有一些死去的野牛，它们的身体在打斗后呈现出僵硬的样子。当然，在画作中还有很多等待我们去破译的密码。

人类

多：那为什么关于人本身的壁画如此稀少呢？

让：我们统计了所有的壁画，大概只有百来个人像图案，远少于动物图案，而这其中画出了完整人像的（而不是只有头部或者上半身）大概也就二十来幅。也许我们的祖先在原始动物世界里感到很孤独。他们或许认为自己是一种独特的、有别于其他动物的动物。

多：壁画上呈现出来的人类图形都是模糊的轮廓，只能说几乎是草图……

让：他们在这些壁画上并没有遵循写实精神。很多时候，我们都分辨不出来他们画的到底是男性还是女性，他们画得太模糊、太简要、太夸张了。很多时候都是一笔带过，几乎没有细节。他们也许是不想画出来，因为他们很擅长画动物。在很多文明中，大部分画作都是写实的。

多：另外，在这些壁画和雕刻中，我们几乎找不到袭击人类的场景。

让：我们只发现过三个特例，在佩什梅尔勒岩洞、库尼亚克岩洞以及科斯克洞穴，他们用混乱的线条刻画了人类。是谁把他们杀害了？那些被画下来的是人类，还是鬼神？这些画很不自然，但非常具有象征意味。很长时间以来，那些穿过身体的线条被看作生命力的诠释。但是，在科斯克洞穴的壁画中，“被杀死的人”表达得很清楚，这个人是被武器杀死的。我们也许能在这些壁画上找到耶稣受难，被钉在十字架上那样类似的题材，或是一种致命巫术的神秘符号。可以肯定的是，这幅壁画展现了凶杀和处刑的场景。有观点认为，这种暴力不属于游牧时期，只属于新石器时代，是有了财富的概念以后才出现的。

多：战争呢？

让：以前的战争和现在的并非同一个概念。现在所谓的战争就是发动攻击直到歼灭敌人才会停止。但别忘了，史前时代几乎没什么人。当时，人类各个群体之间分隔很远，生活在不同的生态环境中，他们没有“土地所有权”的概念。战争是会留下痕迹的，我们没有发现过这些痕迹。但小规模的冲突或是凶杀也许还是存在的。这是人类的天性。原始人也会有嫉妒贪婪之心，也会有争吵。

女人

多：除了完整的人体之外，我们还在洞穴中发现了表现部分身体的图画，比如一只胳膊、被砍下的头颅……

让：我们还是无法分辨出这些头颅（大部分没有头发，痛苦的脸上长了一个巨大的鼻子）是男性的还是女性的。其他一些身体部位可以看出性别。在科斯克洞穴里，我们找到了一个男性的画像。但基本上还是以女性的居多。

多：他们如何表现女性和生育？

让：整个洞窟都可看作一个母体。其中的象征性也很明显：洞穴是空心的，就像在大地的腹中。裂缝也是壁画的重要部分，预示着强大的生育能力。洞窟是“女性”的，岩壁也是“女性”的……这一基础的解读具有较高的可信度，也符合广泛的象征意义。

多：洞窟在一定程度上象征着生育吗？

让：或许是，但从更广泛的意义上说，洞窟象征着大地的孕育。我们找不到其他表现孕妇或生育的象征了。

多：这个时期的人类建立起性行为和生育之间的联系了吗？

让：很难回答。从人种学角度看，有些部落并没有建立起这种联系。但对一些处于文化发展阶段的部落来说，这是自然而然的。

神秘的手印

多：这些史前的艺术家还在洞窟中留下了奇怪的符号，特别是那些留在岩壁上的手印，好像神秘的签名。

让：这些符号的作用往往是给史前的探索者指示道路。比如，亨利·科斯克在海底洞穴中发现的第一个符号吸引着他继续向前探索。把涂满颜料的手贴在岩石上，我们的祖先就留下了我们称为“阳印”的手。他们也会利用相关技术获得“阴印”的手：先把手放在岩壁上，把颜料吹到手的周围，手的轮廓就出现了。

多：这种不同有什么意义呢？

让：这两种手印的效果应该是一样的，并且总能在相同的洞窟中发现。这算一种比较普遍的做法。一直以来，人类都会把手印留在岩石上，甚至今天的澳大利亚土著还会在岩石上画手印。在南美洲，用于举行宗教仪式的洞穴里也有手印。在一些更深的岩洞里，手印是为了与岩壁后的神灵进行沟通。之后，我们会再细说。

多：在法国马赛的科斯克洞穴和上比利牛斯的加尔加斯洞穴的石壁上，还发现了断指的手印。

让：实际上，在这两个洞窟里三分之二的手印都是如此。有人认为这些肢体的损伤是出于自愿，可能是为了哀悼或举行某种仪式。

多：但对每天都要使用武器的捕猎者而言，这种方式的自残有些费解。

让：是的。所以，也有学者认为截断手指是由于严重的冻疮或疾病导致骨头坏死。但还是不能解释为什么截去的手指总是相同的。而且，虽然相距四百千米，为什么科斯克洞穴和加尔加斯洞穴的人都要把受伤的手印在岩壁上呢？况且，我们还没找到任何这个时期指骨残缺的骨架。安德烈·勒鲁瓦－古朗还提到了一种猜想：弯曲手指关节，作为一种表达信号的手势，这种手势或许与捕猎有关。

多：是为了不惊动猎物，创造的一种无声的语言？

让：完全有可能。或者，这些符号是在传播故事，又有谁知道呢？

史前象形文字

多：一些经常出现在岩洞石壁上的点状、线状、棒状的符号，因其没有壁画那样壮观夺目，所以偶尔会被忽视。

让：没错，可它们数量众多。在肖维岩洞里的一面石壁上就发现了 120 个红点。这些符号体现了长达两万年的旧石器时代里令人称奇的艺术。有时，它们伴着具体的形象出现。有些在洞口，有些被埋藏在深深的洞穴里。

多：其他符号比这些线条和云团般的红点看起来更加复杂。

让：事实上，那些复杂的符号是由人精心制作的，所以会更加特别。比如人们已发现的棒状符号：一个垂直的杆，杆上左侧或右侧再放置一个小圆球；屋顶状符号；用条纹、三角形、椭圆、锯齿状、钩状装饰的矩形图案……

多：把这些符号看作对话或文章的提纲会很荒谬吗？

让：不如说是安德烈·勒鲁瓦－古朗提出的“神话”，这些符号像是一些天马行空的想法，它们外观上大体相同，但组合排列方式却大相径庭。其中往往没有可供研究的规律性，也可以说这些符号并不全属于同一系统。鉴于象形文字与现代文字的巨大差异性，读懂它们并非易事。

多：展望一下总是好的。为什么这群进步的人类、这些公认的艺术家能掌握一门精练的口头语言以及创作出图形类的艺术品，却没能发展出一套书写系统呢？

让：其他形式的文化也是如此。书写交流是为了回应经济发展的迫切需要，建立与其他部落的商业网络才发展起来的。

然而，那个时代的狩猎采集社会并没有这样的需求。

多：有些图案看不太清晰，反而给人一种混乱的印象……

让：污点、交叉的线条和被刮掉的方块，这些不明确的印记频频出现在旧石器时代的每个阶段。这种现象映射出了一种明确的意图。当数千个人工痕迹覆盖了整个岩壁以及拱顶时，可以猜想到当时的人是多么想要把这个隐秘的空间占为己有。他们想在所有合适的角落都画上这些作品，或者与山洞里那些神秘的力量建立起一丝联系。

神父的魔力

多：我们暂且不谈山洞里的谜团。在那段距今已久的时光里，我们的老祖先一头扎进无边的黑暗里搞艺术创作。我们要如何对这类怪诞的行为做出解释呢？在19世纪末，首批山洞遗址被发现时，人们从壁画中看到了许多无从解释的行为：一个无须工作的野蛮人却在闲暇时创作艺术作品……

让：事实上，考察这些岩洞的方式正能反映出一个时代的思想。正如卢梭的影响贯穿了整个19世纪一样，那时把史前社会视为一个黄金时代。当时反抗教会的自由思想家和科学家，他们从未把祖先的这些行为和宗教思想联系起来。

多：人们需要重新审视这些偏见。

让：是的。20世纪初，人们便明白了生于旧石器时代的祖先们因势单力薄，必须奋起抗争才能在那个充满敌意的世界里存活下来。此外,他们也一定体会到了外界帮助的重要性。于是，人们猜想那些山洞里的壁画不仅是艺术，更像是一种巫蛊术的仪式。这个猜想被多次鉴定过岩洞壁画的著名史前考古学家步日耶进一步发展、完善，同时也作为业内权威理论在五十年里经久不衰。

多：这种观点认为石壁上的每一幅画和雕刻作品都代表了一种狩猎仪式吗？

让：没错。这种理论建立在早期的人种学比较上，包括狩猎、繁殖以及消灭这三个方面。为了使狩猎活动更好地进行，巫师往往会在岩洞的石壁上勾画出一头被箭刺穿的牛。为了表达希望狩猎成果丰盛的诉求，雌性动物的肚子会被画得很圆润。而当巫师画下一头凶猛的动物，例如一头雄狮时，他随后会用小石头击打狮子的画像，对其施展巫术以预示族人征服野兽。

多：在石壁上描绘出动物的模样，从中获取力量吗？

让：是的。但步日耶给出的解释仍缺少一丝严密性。一幅图画便能决定动物的生死或数目，这种说法在逻辑上站不住脚的同时也不是很令人满意。

多：步日耶是如何解释山洞里众多符号的呢?

让：他一直是从狩猎巫术这个角度来解释的。棍棒状的符号代表着狼牙棒；垂直的线条则是标枪；野牛身上的红点是一个伤口；一圈的红点围住中间的一个红点，代表着猎人们成功猎杀了一头野牛。如果是两个相同的点被画在左右两侧，则又会有不同的象征意义。另外，步日耶在他的记录中没有提到那些他认为多余的部分，包括石壁上交叉的线条以及手绘的轮廓线。

有性别之分的洞穴

多：随后，研究视角发生了改变。旧石器时代艺术研究专家、史前历史学者安德烈·勒鲁瓦－古朗决定不放过任何一个细节。他系统地调整了洞穴挖掘方法。这是一项细致的工作，需要研究人员把每个要勘探的角落都编入目录并且仔细检查水平方向上的所有土质层。严密程度不亚于翻阅一本古籍。从此，那些洞穴呈现出了新的模样。

让：在洞穴中，安德烈·勒鲁瓦－古朗查明了动物、住宅等图样所占的百分比，以及壁画和众多符号的占比。此外，他还用类比法把相似的构造归纳在一起。在这一系列的工作后，他提出了一个史无前例的设想：远古的艺术家和巫师们可能有意地把在山洞里的艺术作品按两性分类。对动物的选择便符合这一标准：野牛为雌，马匹为雄。那些符号被划分为二：点线类的简单符号代表雄性动物；窟窿、圆圈、长方形、正方形的符号则代表雌性动物。可惜的是，这一理论并没有说服力。

多：无论如何，在参观这些洞穴时，人们感受到了一种整体性，一种有组织的思维，超越了简单的艺术感受……

让：很显然，这些洞穴并不仅仅是随机画在岩壁上的图画的收藏地。在洞穴里，很多作品之间都有着一定的逻辑关系。尽管壁画种类繁多，但可以说，每一幅画都有着独一无二的艺术价值。而且，这些艺术瑰宝一直存续了两万五千年！旧石器时代，社会发展缓慢，那时的人类平均寿命只有 25 到 28 岁。这些经验和手艺是如何一代又一代完整地传承下来的呢？这便是令人称奇之处了。

多：按理说，那时候的人类分布在世界各地，艺术和宗教在数千年里本应发展各异，但为什么这种传统会如此悠久且共通呢？

让：我们都知道人类群体之间的相互交流时常发生，但这些交流往往不够。要让艺术在整个欧洲都能长期拥有一种几乎相同的表达方式，我们还需要另一条强有力的纽带。

多：这条纽带的本质是宗教吗？

让：是的。这条纽带与象征、信仰、神明分不开。旧石器时代的人类如不是因强制的命令，决然不会进入那些幽深黑暗的洞穴。这项工程能持续的时间是基督教存在时间的数倍，是因为存在一个严格有序的机制。这个机制有着严谨的知识传输系统、考究的仪式，还有各种各样有待解开的谜团。这显然是神圣的宗教信仰。

第三场

宗教的诞生

他们在那儿，在最深的黑暗中，敬畏地围绕在能够召唤神明的巫师身旁。一个神秘的世界就在眼前诞生，他们都变成了虔诚的教徒。

神圣感的觉醒

多：和其他物种相比，人类对世界怀有更多的好奇心，于是他们发现了那些古怪、矛盾又和谐的新鲜事物。他们怀揣生机勃勃的梦想，不断地创造着美和艺术。如今，在洞穴中展现出来的，便是当时的人类靠想象创造出的平行世界的模样：善与恶、友与敌。宗教思想也应运而生了……

让：岩洞中的祖先提出了一个标志着人类意识启蒙的根本性问题："我们从何而来？"关于人类起源的神话是想象力的重要部分，并且能使整个部落具有更强的凝聚力。当时的人类已产生这一先进的观念，开始追寻超自然力量并希望与之建立联系。

多：这种世界观为何没能早些出现呢？艺术与神明难道只是智人的专属吗？

让：也许吧。我怀疑神圣感在我们的直系或旁系祖先尼安德特人之前就已经存在了。在某些时期，直立人可能会顾念手足之情，但这丝毫不影响他们吃掉那些已去世的伙伴。此时的神圣感还未成熟。而尼安德特人会埋葬死者：在多尔多涅省的费拉西洞穴，人们挖掘出一块覆盖在一个尼安德特孩子坟墓上的石板。石板上还有18个植物的外壳。挖墓地，摆祭品，这是对另一条生命、另一个世界的敬仰。宗教思想的雏形就在这当中萌芽。

外星人的十字架

多：但就像艺术一样，真正意义上的宗教应是随着现代人类一同出现的，那洞窟里出现的是宗教吗？

让：我认为感受性的觉醒是紧随艺术而来的。但不要忘了，神圣与世俗、宗教与非宗教之间的区分都是现代西方人的设想，传统文化没有这种区分。让我们来举个例子，我们的祖先用投射器能将标枪投掷到更远的地方，这是一个实用工具。但如果投射器上刻有野山羊或者鱼的图案，它就更像一个仪式中的物件。我们所谓的神圣在那时与日常生活是密不可分的。

多：然而神圣应该是和具有象征意义的符号以及宗教仪式联系在一起的。

让：那些旧石器时代的艺术品便是留给我们的唯一证据了。我们无法解密化石上的秘密，与祖先的纽带已经断了，所以我们也只能尝试给出一些大致的解释。至于各种符号和它们的象征，首先要确定这套符号系统无论何时何地都是通用的才行。假设您是一位前来拜访地球的外星人，发现了十字架和被钉在十字架上的耶稣，可您毫不了解基督教历史……这正是我们在研究旧石器时代艺术上所面临的难题：既没弄清背景，也没有行动指南，更没法得到确切的解释。

通往冥世的门

多：让我们大胆设想一下，山洞中的艺术不仅充满魔力，还富有宗教色彩。能认为它是对起源之谜更深度的探索吗？

让：如果这门艺术包含世俗价值，它必定会向外传播，面向大众。否则就会藏身于与现实相距甚远的荒无人烟之地。有一点与众所周知的不同，那个时代的人类并不是居住在阴暗潮湿且行动不便的洞穴里，而是住在洞穴的入口，在遮蔽物之下。对于他们来说，洞穴是神圣之地，唯有遇到特殊情况才会进入其中。如果选择进入无边的黑暗，那便是踏入了另一个世界的大门。

多：在许多文化里，地下世界代表着精神领域、阴间或是地狱的入口。

让：人类身处在满怀人文思想的世界中，而那些洞穴会激起无由的恐惧和焦虑。深入地底，就像在另一个世界旅行。

多：那人类是否是自愿靠近这个难以进入之地的呢？

让： 这是当然！为了留下属于自己的记号，旧石器时代的艺术家们前仆后继地进入深邃的山洞里。在肖维岩洞中，人们要钻到长长的通道末端，才能欣赏到那三只无与伦比的红熊图样。在距今两万六千年的加尔加斯洞穴中，人们则要爬行十五米左右才能看到底部的手印。至于著名的拉斯科洞窟，更是只允许一人独行爬到山洞尽头，才能看到石壁上雕刻的猫科动物。

法师的能力

多：至少我们可以断言，艺术家们并不是为了吸引大众的注意力才去创作这些艺术作品的。

让： 对于他们来说，结果并不是那么重要，他们享受的是创作本身，也就是创作的过程。史前作品并不是一些毫无根据的行为，而是作者为了艺术而创作艺术的行动。不是随便一个男人或女人都会义无反顾地扎进那无边的黑暗之中，只有教徒和萨满法师才会如此。

多：什么是萨满法师?

让：萨满法师是一个中间人，能与超自然沟通。与巫师不同,他们不会支配神秘的力量,而是进入神明的世界里与之交流，以此恢复和谐或者破解巫术。

多：他的能力从何而来?

让：萨满教的传统使然，这个宗教在当今的西伯利亚地区、美洲、非洲南部、亚洲部分地区仍旧富有活力。它的生命力基于各地对神秘力量的研究，比如通灵现象、幻觉、幻影……当萨满法师通灵时，他的精神便会游离到超自然的世界里，一个只有人、动物、怪物的世界。他们这样做是为了得到灵异力量的帮助，用以求雨、治病，确保狩猎成功。当然，我们不能把旧石器时代的人类与卡拉哈里沙漠的布希曼人或者美洲的印第安人相比较，但他们都让我们了解到，他们的神学观念以及想呈现的世界有多复杂。

艺术学院

多：试着从我们祖先的角度来思考：萨满法师的能力到底代表着什么？他们是部落传统仪式的负责人吗？

让：萨满法师是经过精心挑选的，要学习不少技能。他不仅要熟悉所有的传统，尤其是关于起源的传说，还要掌握特殊的能力，以便与超自然世界联系，为部落的发展出力。

多：有点儿像神学院里的神父……

让：神父要学习并唱诗。史前的萨满法师需要掌握绘画、雕刻的技能，或许他们也会学习吟唱和跳舞。从某种程度上讲，他们是宗教艺术学院的负责人。

多：史前的艺术学院，这是认真的吗？

让：是的。在那个时代，知识的传输结构是稳固的，大部分画作都能直接体现出匠人的杰出艺术功底。可是，我们确实发现了那时集技艺与独特风格于一体的艺术学院。

多：比如说？

让：看看动物的爪子：在尼奥洞窟和比利牛斯山脉的其他洞穴里，为了产生透视效果，动物身后的爪子几乎只被草草勾勒了几下。再看看牛的喘息：他们几乎都是用同一个侧影来表现的。这并不意味着他们不会绘画。相反，大多数画家都尊崇自然主义，完美地遵循着比例。艺术家们遵从着那些约定俗成的惯例。

多：这些学院的影响深远吗？

让：影响可谓久远。在西班牙离瓦伦西亚不远的一个帕尔帕约洞窟里，人们发现了五千多个石制的小薄片，有的被雕刻过，有的被纹绘过，这些薄片在岩层里储存了大约一万多年。这意味着同样的传统仪式和技艺能在数千年时光里延续！

另一面

多：对于您来说，艺术约定俗成的规定也是宗教思想精妙性的体现吗？

让：是的。艺术上的规定是信仰以及仪式感的表现。萨满法师会把他们的作品叠加在日益风化的石壁雕刻上。这些印记对他们来说象征了石壁的神圣以及权力，同时也是墓葬习俗和死者生前愿望的体现。某天，某处成为祈祷的吉祥之地，受万众后代敬仰。

多：其中暗含着一种破坏性吗？扫平过去的宗教遗址，就像在异教徒的庙宇遗址之上盖起基督教堂一样。

让：这种情况很少。在肖维岩洞里，一些石壁上的画作被人刮掉了。在科斯克洞穴里，两万五千前的手印大概是在一万七千年前被人故意划坏了。也许中间几千年的时间里，那些山洞的拜访者们只是简单地辨认出了石壁上模糊的痕迹并且想获得神力。

多：艺术家还经常巧用岩石的轮廓和自然的突起。这种行为做何解释呢？

让：在山洞里，火炬或煤油灯闪烁的微光，使岩壁上移动的阴影变得鲜活，所以他们可以轻松地将脑中的动物形态画在上面。他们在岩石的缝隙中，辨认出马匹、野牛、猛犸象……岩石的裂缝里，一个神灵在那里，等待着，准备显现……在描绘补充的过程中，萨满法师就是在与之沟通。

动物的力量

多：在超自然的世界里，神灵躲藏在石壁之后吗？

让：是的。萨满法师捕捉到就能获得无上的能力。一端被插在岩石里的骨头也许就是和另一个世界沟通的渠道。同手印一样，图画覆盖在手和岩石上之后，手便消失，穿越到了另一端……石壁不过是掩盖神灵的一层屏障罢了。

多：这种象征指向动物，所以这种神秘的力量一定与动物相关吗？

让：完全可能。基督教、神人同形论等都诞生于一个以耕种和饲养为主的世界里，一个人类为主宰的世界：神父和耶稣都以人类的形态出现。而旧石器时代是动物主导的世界，神秘的力量自然就通过动物来体现了。

多：如果动物是神圣的，便不能捕杀它们了吗？

让：不一定。动物的神化符合图腾主义：人类群体和动物图腾一样，需要被保护。可在山洞里就不是这回事儿了：被标枪和箭刺穿的动物是有象征意义的，只不过并不代表神圣。加利福尼亚的印第安人认为，盘羊是一种神圣的灵性动物，能带来雨水。可人们并没有停止捕杀它们的行为。

通　灵

多： 除此之外，要想弄懂祖先们赋予每种动物身上的象征意义依旧很难。

让： 是的。尤其在漫长的时间里，这种象征意义会随时间而改变，担负起更多的责任：传播神话；纪念诞生、结合、下葬和疾病的痊愈；与其他群体或神灵交谈。当然，神经心理学还给我们带来一个重要信息：岩洞里的艺术部分体现了萨满法师的幻觉。

多： 现代神经心理学是如何解释三万年前的幻觉的呢？

让： 这种现象是普遍的。无论在哪个时代，人们都有着同样的神经系统。现代人研究的处于死亡边缘的体验与萨满法师的描述是一样的。有人认为，死亡便是通灵的代名词。

多：等等！通灵、幻觉这些体验并不是所有人都能轻易尝试的……

让：当然。但一些环境容易催生出此类想象，地底的岩洞尤其容易。一切都消失了：白天、黑夜、日月星辰、风雨。世界成为一个没有植物与动物的矿物世界。在某一天，疲倦扰乱理智时，幻觉便产生了，跟位于高海拔的登山队员一样，洞穴学者能体会到这种感觉，但对此感到害怕。萨满法师正好相反，他们有意地在寻找幻觉。

幻觉之旅

多：于是，洞穴有着双重功能：一是藏匿神灵，二是催生幻觉？

让：很有可能。萨满法师被认为是连接石壁后超自然世界的中间人，这个身份却不被他人所向往。他们往往在仪式的最后耗尽能量，精疲力尽。

多：通灵过程是怎样的？

让：通灵一般分为三个阶段，有些人可以直接到达第三阶段，而有些人连第一阶段都过不了。这个过程因环境因人而异……

多：可以尝试描述一下理想的通灵过程吗？

让：在通灵药物、不停歇的鼓声以及富有韵律的吟唱的作用下，感觉、饥饿、寒冷、痛苦都消失了，与现实远离。首先会看到无数的点、网格、曲线、直线……就像严重的偏头痛发作。

多：失去感觉的幻觉……

让：从第二阶段开始，幻觉便开始在大脑内形成。他们飘忽感受到幻觉，并开始尝试系统地将其在大脑里重组。对加利福尼亚的印第安萨满教徒来说，那些蜿蜒的线像响尾蛇；而对哥伦比亚的印第安教徒来说，则如同身处银河系。

多：所以对符号的解释与文化相关。那么第三个阶段又会发生什么呢？

让：有时感觉正在通过一个尽头散发眩目光芒的隧道，如能成功到达隧道尽头，便通往了另一个世界。在那里，人会在天空中盘旋飞行；所有动物在交谈，人类也在其中。

多：哇，这是一种多么无与伦比的体验呀！这样传奇的冒险结束后，萨满法师依旧能将其在另一个世界的所见所闻分享给世人！

让：就算处于通灵的第三阶段，萨满法师也能够记住并讲述。比起深夜做的梦，人们往往对于临醒时做的梦印象更深刻。

幻觉之画

多：史前的萨满法师很有可能把他们所见的幻象描绘或者雕刻在了山洞的石壁上。他们创作的艺术作品来源于对幻觉的第一印象。

让：石壁上的符号与第一阶段所见相符。这种持续的现象大多相同，这也能解释数千年间史前艺术的统一。然而，动物的绘画或雕刻意义则有所不同，它们主要反映的是第二、三阶段的幻觉。

多：在最后一个阶段，萨满法师会变成动物吗？

让：他们的一部分变成动物，剩下的部分还是人。也就是说，他们联合了两个不同的世界。在非洲，人们发现许多人体艺术上带有一些不明显的动物特征，这便是半转化的萨满法师形象。进入另一个世界，他们便成了“组合体”。一位研究野牛的专家在尼奥洞窟注意到野牛的生殖器有时会位置不对。即使他们十分清楚动物的身体结构，这会是无心之过吗？还是代表了萨满法师转化后的野牛？或者野牛只是萨满法师的替身？

多：如果通灵的三个阶段与石壁上的符号和动物的艺术作品相关，那上面的手印和涂鸦又该如何解释呢？

让：事实上，人们会发现一些粗制滥造的画作，这些作品从不会被翻印在书本上！那些可能不是艺术家的作品，更像是儿童或年轻人手脚的印记。

多：那些洞穴难道不是只有相关人员才能进去吗？

让：可以猜想萨满法师有时是带着患病的病人或祈愿的猎人一起进入洞穴的。那些人期望着与另一个世界沟通。萨满法师先在石壁上画一头野牛，其他同行者再往上添几笔。孩子也可能会参加这一仪式。举行仪式的目的往往很实际，有陪同的情况也很少见。可能是因为特殊的环境，比如自然灾害、瘟疫……

多：那余下的时候呢？旧石器时代的宗教仪式应该不局限于发生灾害时吧？

让：是的。在室外或者洞穴入口等地还会举行更多日常的仪式。当然，我们并没有任何证据。

拉斯科洞窟的大弥撒

多：在拉斯科洞窟，一些覆盖有精妙画作的石室能容纳20到30人。很难想象一场仪式只由一位萨满法师主持。

让：拉斯科洞窟呈现出了其他岩洞不具备的宏伟特征。某些动物画位于显眼的位置，竟长达五米。一般来说，其他岩洞的画会比实物小一些。这是集体创作和惊人意志的体现，与我们原本的猜想也十分不同。

多：这是一种公共的仪式吗？

让：有可能。尼奥洞窟中的“黑色展厅”回声效果无与伦比。这绝不是偶然。它会不会曾经是载歌载舞的盛大典礼的举办场所呢？季节性聚会时，这是欣赏画作、冥想、会见著名萨满法师的地方也说不定。

多：那些被复原的脚印没有透露出一些线索吗？

让：没有，我们见过的脚印太少了，很难去推断年份。那些脚印都是在保存尚好的岩洞中发现的，此前无人踏足，地面自然保持着原样。基本上，那些脚印都属于孩童。就像安德烈·勒鲁瓦－古朗指出的，孩子们总是喜欢四处乱跑，在沙滩上乱踏，在泥里乱踩。但是经过数千年的侵蚀，石壁上的画和脚印的痕迹也渐渐淡化消失了。

三个小圆柱体

多：萨满教给岩洞艺术提供了一个合理的解释。这些特别的艺术代表了连接现实世界与精神世界的大门，一旦通灵，便能跨越那扇门。点、线、图把萨满法师所见的幻象呈现出来，动物的自然轮廓显示出岩石内部的力量，手指印和其他线条揭露出后来的访问者或萨满法师同伴的踪迹……这些解释具有一定的合理性，但终究也只是猜想。

让：没错。人们普遍认为所有的文化都与宗教相关，直至无神论时代的来临。没有理由否认史前时代同样如此。但人们不能仅有猜想以及人文科学层面的证据。证实这些猜想的最好办法，是确认它们符合现有的科学事实，以及能用新的科学发现去佐证。萨满教的观点一出现，我就带着这一说法实地考察了许多新发现的岩洞。结果证明，萨满教这一说法是有事实依据的。

多：还发现其他类似的踪迹了吗？

让：是的。不仅这些看得见的岩洞没有被挖掘完，还有众多山洞因洞口不明、沉淀物堵塞、被崩塌后的石块儿掩埋或深藏在数千年的植被下而没有被发现。

多：比方说？

让：在蒂多杜贝尔岩洞深处，距野牛像三十多米的地方，人们发现了三根用黏土制成的圆柱体。1912年，步日耶将其看成处于发育期的男性阴茎，并解释为某种巫术或入教仪式。十多年前，一位美国的雕塑家陪我到访那个岩洞，惊呼道："才不是呢！这是雕塑家的一种常见做法。先拿一小把黏土，把它放在手心揉捏感受它的柔软度。"他随即检查了圆柱上那些令我们感到困惑的洞，解释道："这是用大拇指按压形成的。为了检测黏土的可塑性，雕塑家们总会这样做。"就这么简单！

向商博良[①]提问

多：事实上，为了弄清这些谜团，我们也许还需要一块罗塞塔石碑，或者另一位商博良。

让：可惜了，我认为我们永远也解不开这些谜团。多年前，我和一位当地的巫医去参观印度的一处景点，入口处有两三个垂直的符号。我想到安德烈·勒鲁瓦－古朗应该也在这里看到了男性的符号，步日耶应该也看到过猎人使用的标枪的画。

多：您呢？您看到了什么？

让：那位当地的巫医跟我解释道："这些符号表示能进入通灵第二阶段的内行人士可以进入这个山洞。瞧，如今我们也进来了！"我们只能了解其中的一小部分奥秘，并没有解开谜团。总有一天，新的猜想会横空出世，调整、完善或取代我们的观点……

① 让－弗朗索瓦·商博良，第一位识破古埃及象形文字结构并破译罗塞塔石碑的学者。——译者注

多：用科学来解释史前时期的宗教，这难道不是一个没有胜算的挑战吗？

让：我们并不从科学真实性的角度来评判宗教的作用。不然的话，人们就得完全否定传统精神世界的存在。《圣经》与人们近来的科学发现相悖吗？答案是肯定的。《圣经》的理论基于另一套完全不同的系统，旧石器时代人们的信仰也是如此。

幕间休憩

多：接着，一切都消失了。延续了两万五千年的宗教，这段人类历史中的漫长阶段就这样消散了。约公元前一万年，人们逐渐摒弃了传统的壁画艺术。这期间到底发生了什么？

让：在冰期末，一些起决定性作用的变化依次到来。气候回暖，包括猛犸象在内的某些物种逐渐灭绝；驯鹿渐渐向北方迁移；野猪、雄鹿等物种则发展势头良好；人们开始食用蜗牛。

人类的生活方式与社会结构发生了改变。因此，历史悠久的宗教要么选择转变，要么只能终结。

多：人类放弃洞穴了吗？

让：那时降水丰富，森林变得茂密，洞穴愈发潮湿，洼地越来越多，人们进入洞穴也更加困难。或许木头上的艺术就在那时取代了石头上的艺术。

多：动物也不再代表超自然的力量了吗？

让：在狩猎型的社会里，人类属于捕猎者，岩洞中的野马和雄狮都代表着一股强大的力量。让·吉莱纳将会接着讲述，但在公元前一万年，人类的进程将会发生一次重大转变，也就是新石器时代和畜牧的到来。人类开始驯养牲畜，所以把牛栏里的牛或者猪圈里的猪再看作神明就不太可能了。史前时代的猎人将成为牧羊人，世界将发生天翻地覆的变化，他们的思想亦是如此。

第 三 幕
征服权力

Acte 3
LA CONQUÊTE DU POUVOIR

第一场

新纪元的开端

历史上的某一天，我们的祖先产生了一个新的想法，做出了一个重要的决定:结束一直以来的游牧生活,种下第一批庄稼。就这样，他们开启了人类文明的新纪元。

震撼世界的思想

多米尼克·西莫内（以下简称“多”）：我们接下来要讲述的是一个具有决定意义的大事件。人类已经征服地球，并依靠着艺术与想象力打破了众多限制。但总的来说，环境仍然左右着人类，比如，狩猎与采摘的成果完全靠运气决定。由此说明，人类仍未跳出原始动物世界的范畴。但之后，一切都变了……

让·吉莱纳（以下简称“吉”）：是的，正如安德烈·朗加内和让·克洛特所描述的那样，当时的人类仍然生活在旧石器时代的原始世界。他们狩猎、捕鱼、采摘、收集，完全就是狩猎者的生活模式。诚然，当时的人类已经很聪明了，他们会有选择性地挑选猎物，也会精心安排并储存物资。但就像动物一样，人类完全依赖着大自然。这一持续了三百万年的漫长狩猎采集阶段终于走到了最后。从公元前一万年开始，新石器时代拉开了序幕，一个不可逆转的新纪元开始了。

多：新石器时代，是“新的石头”的意思吗？

吉:是的,就是“石头的新纪元”。与之对立的是旧石器时代,即“旧的石头”，也就是人类简单凿取、切割石器的时代。这种变化所带来的进步意义远远超过了技术层面的革新。因为它只出现在我们人类的历史中，直到 19 世纪的工业革命，甚至到今天，这种新的生活方式还是人类特有的。

多：这样的变化又是如何产生的呢？

吉：人类降服并改造了原始世界，使之更加“人性化”。与此同时，人类也在进行自我改造，原有的行为举止、风俗习惯以及社会关系都在改变。就这样，历史的车轮开始转动。人类逐渐放弃游牧生活，开始定居，建立村落（约公元前一万两千年）；学会自己生产粮食，发明了农业（约公元前九千年）和畜牧业（约公元前八千五百年）……人类开始制造和完善各式各样的工具，也由此出现了不同的专业、分工和等级……

多：哇！这简直就是一场大革新！好像全人类突然开化了……

吉：如果我们回看这段历史，会感觉这一变化十分突然。我们的祖先本来以狩猎采集为生，已经持续了几百万年，突然一切都变了。但与其说这是一场突如其来的巨变，不如认为这是一场持续了两三千年并逐步推进的革新。一种新的生活方式同时出现在几个村落中，随后其他地区的人逐渐效仿，就这样一点点儿席卷全球。

改变的渴望

多：在那个时代，散落在地球各处的人类相距甚远。那要怎样去解释这场革新竟然会在同一时间发生在不同地点的那些毫无联系的人身上呢？是否存在一种把人类推入历史下一个阶段的进化逻辑呢？

吉：关于这一点，至少存在两种猜想。有人认为，是大自然迫使人类进行改变。最后一个大冰期结束了，温度逐步上升，环境变得潮湿，非常适宜植物生长。欧洲整体气候温和，南部地区则比较干燥。而在一些极度干燥的地区，人类会更专注地去寻找水源，并想办法居住在更适合生存的地方，比如靠近湖泊、河流、沼泽等。可以这么说，水即生命，水让人类离动植物更近。也是这样的共生关系促使人类开始驯化动物，栽培植物。

多：那另一个猜想是什么呢？

吉：另一个猜想和第一个完全相反。他们认为是人类智慧的进步催发了这场革新。自人类诞生起，他们就已经学会制造工具。起先，他们用最原始的方式去打凿石头，后来已经可以制作更加复杂的工具，这一点充分展示了我们祖先的本领。而随着时间的流逝，人类的文明一代又一代地传承下来并逐步发展。

多：人类几乎是自然而然地萌发了农业的概念，难道他们播下种子是为了观赏吗？

吉：在那个时期，人类对植物产生了兴趣并且萌发了自己去种植的念头，这是完全符合逻辑的。与此同时，我们的祖先也在进化过程中逐渐改变了和动物之间的关系：从最开始像食腐动物那样随机捕猎到主动出击，再到有意识地进行选择性狩猎，最后驯化动物。对我们的祖先来说，大自然也不过如此。所以，进化是人类主观意志的选择。

出　力

多：那为什么这场革新没有在全世界各处发生呢？

吉：因为还需要客观环境的允许。植物是否能被培植，动物是否能被驯服，不同地区的情况是不一样的。比如人们在近东发现了野生大麦，但北欧地区就没有。当然，人口统计学在研究过程中也出了点儿力。

多：安德烈·朗加内刚刚和我们说过，人口数量在历史上出现了一次前所未有的增长。

吉：是的，大约在公元前一万年，整个地球的人口数量基本不超过七八百万。在新石器时代的巨变下，人口竟然在随后的八千年间增长到了原来的十倍！以法国为例，当时的人口从五万人增加到了大约五十万人。我们由此猜想，大约在公元前一万年，由于人口急剧增加，一部分人不得不寻找另一种谋生方式去取代狩猎采集的原始生活。当然，当时的情况也有可能完全相反，人们定居下来后，物资慢慢丰富起来，人口的数量才迅速攀升。就好比是先有鸡还是先有蛋的问题，是没有答案的。

变革的摇篮

多：不管动机是什么，经过几百万年的游牧生活，我们的祖先突然决定完全放弃原有的生活。这是怎样开始的呢？

吉：最初的迹象出现在公元前一万两千年到公元前一万年。那时，人类还过着旧石器时代的传统生活：群落聚居，捕猎，采集植物，钓鱼……然而，最近的考古发现表明，那时的人类已经在一些特定的区域定居下来，比如湖泊和池塘附近、海岸边或河口处。这些都是食物充足的地方。

多：那他们就慢慢安定下来……

吉：是的，慢慢地……他们也许会这么说："看，在这儿，我整年都能抓到鱼，夏天也能找到可食用的植物，春天野兽也会经过这儿……我要定居下来，我不走了。"他们最开始可能只是把这儿作为临时基地，仍旧保留着游牧的方式。

多：定居是从哪儿最先开始的呢？

吉：在旧大陆上，最先出现在叙利亚、以色列、巴勒斯坦（公元前三万两千年到公元前两万两千年，中欧和西欧也有一些遗迹）。从此之后，定居、建造房屋成了经济发展的前提，也为农业的出现奠定了基础。

多：农业不是立即出现的吗？

吉：一开始其实只是过渡。狩猎采集者组成的村落既不种植，也不畜牧。大约在公元前一万一千年，约旦河附近的马拉哈河周围出现了一些以木头做的柱子为支撑的房屋，外面用石墙围住。人们在那儿发现了狩猎和钓鱼的工具，以及一些野生的谷物和用来磨粉的工具。在当时，人们的食物都还是野生的。

多：随后，人类还是更长久地居住下来了。

吉：是的。在公元前九千年，一切都发生了巨大的变化，还出现了一些宏伟的建筑。巴勒斯坦的杰里科有一座石塔，直径有十米长，近九米高。在石塔旁，有一面三米长的城墙。房屋是圆形的，杰里科和阿斯旺的房子地基是石头或生土砖，穆赖拜特遗址则是黏土砖。在幼发拉底河和约旦河流域，农业初露端倪。

多：所以，近东地区出现了农业，还有其他地区吗？

吉：植物学家的研究表明，主要的谷物和豆科植物最早被人工驯化的地区之间相距了几千千米。小麦、大麦、豌豆、扁豆、蚕豆在近东；黍和水稻在远东；玉米和四季豆在美洲；小米和高粱在非洲……这些变化都发生在公元前九千年到公元前五千年不同的地区，但还不能肯定非洲驯化植物的具体年代。

多：仍然有一些地方还未出现农业……

吉：是的。世界上的某些地区还同时存在着两种生活方式：原始的生活方式和新的生活方式。所以，当近东地区的人类发展农业时，欧洲的人类仍然过着捕杀野鹿、野猪、野山羊的生活。当安第斯山脉及周边地区的人类已经开始培植植物和驯化野生动物时，南美洲、亚马孙地区以及巴塔哥尼亚的人类在未来相当长的一段时间内仍旧依靠狩猎、捕鱼和采集谋生。也许那里存在着阻碍农业发展的因素。总之，各个地区的经济发展节奏是不一样的。

巨变的种子

多：所以农业是先于畜牧业发展起来的吗？

吉：我们常常在想，到底是农业先出现还是畜牧业先出现？有人认为，畜牧业是靠早期的狩猎发展起来的，而定居是农业的前提，所以畜牧业出现在前。然而考古学家的观点与之相反，他们认为农业出现在前。年代学家仍然没有给出定论。在近东地区，动植物的驯化是从公元前九千年开始加速发展的。

多：在世界各处都出现了吗？

吉：在近东、亚洲、美洲都出现了。至于非洲，我们还不太确定。在发现小米和高粱之前，我们就已经找到了一些粗糙的壁画，上面画着家牛的图案。那么这也许可以说明，在非洲地区，畜牧业比农业出现得要早。除非这些牛是经过尼罗河从近东运过去的……

多：有一天，在最先开始定居的村庄里，一个比其他人更聪明的人播下了一颗种子，从此，历史发生巨变。

吉：这是一个关于起源的想象：一个男人——也可能是更加善于发现植物奥秘的女人——有一天种下了一颗神奇的种子。然后，种子发芽，长出了第一颗麦粒……不过现实往往更加复杂。从野生到驯化的过程是缓慢而又无意识的。

多：我们是怎么知道的呢？

吉：刚开始，原始人只是采摘并食用野生谷物。可能一个男人或女人看到种子掉在地上发了芽，就简单地想要模仿这个过程。但光播种并不会得到培育的产物。经过一段时间，出于一定程度上的偶然选择（不断改进再播种），人类才能培育出特定的品种。这就是我们当今能够重现的一种培植方式。

炉灰中的信息

多：我们能够如此详细地了解到一万年前植物发展的情况，真是不可思议！

吉：植物学家从 19 世纪开始就在研究世界上野生植物的分布并找到了主要粮食作物的起源地。他们推断，第一批培植的大麦和小麦出现在近东。第二次世界大战之后，考古学迅速发展。通过研究出土的谷物，考古学证实了植物学家的猜想。

多：考古学还提出了其他观点吗？

吉：考古学认为不应该像以前一样只局限于研究石头、陶器等，还可以研究花粉、种子、煤炭、木炭、动物遗体……我们不仅可以重建当时的自然环境，还可以重建该遗址的整个结构。再小的细节也是重要线索。

多：比如说？

吉：残余的木炭能够告诉我们当时在这片地区生长的树木种类。骨头和植物的化石能够显示它们的品种……显微镜下的土壤分析能够分辨该地之前是用作农耕还是畜牧。沉淀物的化学研究能够弥补考古学的不足，比如我们曾经认为一无是处的洞穴实际上是古代的羊圈。

推算过去

多：这真像是侦探的工作……

吉：是的。在法国朗格多克省，我们借助现代科技分析猛禽的猎物可以推理出橡树林退化的过程：先是出现在开阔地的鸟类数量增多，喜阳的食虫动物增加，后来还出现了田鼠……当然，一些测定时期的方法能够让我们推算出遗迹大致的年份。比如，我们能算出一间公元前两千七百四十二年建造的房屋是在公元前两千七百三十八年坍塌的。

多：如此精确是如何做到的？

吉：用让·克洛特刚才提到的放射性碳的方式可以推算出一个相近的时间。再利用正处于迅速发展中的“树轮年代学”精准确定时间。

多：天啊！您快和我们解释解释。

吉：大家都知道，由于气候的变化，树木的年轮在每一年的大小都不一样。在中世纪的古建筑中，房屋都有一根木头做的梁。研究员在观察了这些古老的树木之后，创建了一份参考目录，里面记录着每个世纪每一年的树木年轮以便区分品种。最远可追溯到公元前四千年欧洲黑松的年轮，这是在加利福尼亚州出现的最古老的树木品种。随后，经过查证，这一系统还可以往前定位到公元前六千年到公元前七千年。所以，当我们找到一个焦化的木桩，可以比对参考目录上的年轮，并且由此推断出相近年份。当然，我们得先找到木头……

传播

多：用同样的方法可以知道畜牧业的发展过程吗？

吉：区分家养动物和野生动物有点儿困难。野生动物的骨骼一般更加坚固。但要能够在我们找到的骨头上明显看出骨骼形态的变化，当时的畜牧业就得达到比较先进的水平。

多：如果不是这种情况怎么办？

吉：我们也能获得动物死亡时间的信息。根据统计学，我们知道野生动物的大致寿命，也知道人们通常屠宰家畜的时间。野生动物和家养动物的寿命曲线是不同的。不过，旧石器时代的猎人有时候会选择性地狩猎，大量屠杀成群的绵羊，这会对研究结果产生干扰。在扎格罗斯山脉地区，山羊实际被驯化的时间可能比我们最初推算的要更早一些。

多：所以结论是，在野生动物被驯化的近东地区也出现了农业？

吉：是的，在公元前八千年，甚至更早，首先是山羊和绵羊，然后是牛和猪。然而，我们的祖先可能并不是单纯为了获取食物而发展畜牧业，有可能是为了拥有一大群牲畜，或者想要显示自己对动物的征服。不管怎样，畜牧业和农业几乎是同时出现在同一地区的。特别是其在近东地区开始传播，随后以某种方式广泛传播到了欧洲。

第二场

掌控大自然

人口的移动加速了变化的萌发。农业席卷全球。原始人的时代已经成为过去。未来属于征服大自然的胜利者！

欧洲的教化

多：一些地方出现了关于定居、农业及畜牧业的新概念，这些新概念源于近东地区，并蔓延至整个欧洲。安德烈·朗加内讲到最早来到欧洲的移民也来自近东地区，所以近东就是我们的起源地！

吉：虽是欧洲人的起源地，但并不是所有文明的摇篮。毋庸置疑，西方，即欧洲、北美，以及从某种程度上来看的非洲，都受到了影响。但世界上其他地区也发生着翻天覆地的变化。

多：对我们而言，不管怎样，"现代化"是从外面传进来的。

吉：在过去的几十年中，人们不断试图缩小近东地区的影响，但这是不折不扣的事实。第一批农民出现在欧洲的时间是公元前七千年，无可争辩，我们所处的地区在某种程度上都受到了来自近东文化的"教化"，涉及知识、技术、经济以及新的社会框架。

多：这算是一种殖民的形式吗？

吉：不。这些地区将外来的影响与他们自身的传统、信仰及生活习惯融合，从而形成了他们自身的文化。欧洲首先出现了外来经济，但仍保持着多元文化的显著特点。

安静的本地人

多：在受到影响之前，欧洲什么都没有，那欧洲会自发地出现同样的情况吗？

吉：我不这样认为。欧洲地区本身是没有谷物的，所有谷物都得进口。当然，也没有畜牧业。只有两种可被驯化的物种：原牛和野猪。但与之相关的本土驯化迹象很弱。除此之外，还有狗……

多：狗不是早就被驯化了吗？

吉：对，这种从灰狼演化而来的动物从旧石器时代就已伴随着猎人。它会解决剩余的食物，也可能被当作食物：我们在公元前九千年的遗址中找到了它作为食物的痕迹。在中世纪之前，欧洲是没有牧羊犬的。除了狗之外，欧洲并没有任何被驯养的动物。

多：当时的欧洲受到了气候变暖的影响，动植物群都深受影响……

吉：是的。当时法国领土上的冰川消融，海水上涨，水循环再次恢复。湿度恢复以后，植被生长很快，草地变成森林，特别是橡树林在公元前七千年左右变得非常密集。那些适应寒冷气候的动物，比如猛犸象，都已经灭亡，或像驯鹿一样逃离这里。其他动物，比如鹿和野猪，它们再次大量出现。

从岛屿到岛屿

多：那些本地人呢？

吉：他们仍然像祖先一样过着游牧的生活，有时会在营地中停留一段时间。他们住在简易的小屋里，躲在岩石下或洞穴入口处。有时也会发现他们定居的痕迹，例如在葡萄牙或丹麦……他们猎杀鹿、野猪、野牛或一些小的猎物，在小河或湖泊中钓鱼，在雨季捉蜗牛，以野生植物充饥。法国南部的人可能还会食用野生豆子。

多：后来，外来人口的突然到来打破了他们的宁静。

吉：他们拥有先进的知识，懂得农业种植的方法，还带来了谷物的种子……但不能想当然地认为他们是从近东地区直接出发到达的。农业从发源地传播到欧洲西部至少需要三千年的时间。

多：一代又一代……

吉：对，从巴勒斯坦到小亚细亚，从爱琴海到葡萄牙，他们走得越来越远。有些人沿着多瑙河走到了巴尔干半岛和莱茵河河口。他们两次来到法国，第一次从南方，第二次从东方。法国的雏形显现，一边是地中海，一边是多瑙河流域。

多：那第一批移民是从海上过来的吗？

吉：他们一点儿都不害怕地中海。旧石器时代末，人们已经学会了制造竹筏或用挖空的长树干制成简易船只：在荷兰发现的八千三百年前的独木舟残骸，正是用的这种方法。还有一些由树枝和缝好的毛皮制成的船只，可以沿海岸线航行或在海上冒险时使用……

多：他们一直航行到了外海吗？

吉：他们从一个岛屿航行到另一个岛屿。在伯罗奔尼撒半岛的一个遗址中，我们发现了用黑曜岩制成的工具，但该地区并没有这种火山岩，而基克拉泽斯群岛的米洛斯岛上有。由此证明他们去过地中海的岛屿。在塞浦路斯也发现了他们一万年前钓鱼、捕鸟、拾贝壳的踪迹。

两个世界的冲突

多：这些掌握种植技术的地中海人遇到了仍然生活在旧世界的土著。

吉：第一批来自意大利半岛的移民在公元前六千年开始在地中海西部定居。他们知道如何种植大麦、小麦，也饲养了绵羊、山羊和牛。但他们还要面对那些仍然住在橡树林里靠捕捉野猪和采集野菜为生的人。

多：他们会发生激烈的正面冲突吗？

吉：谁知道呢？可能这两个不同世界的人找到了和谐相处的方式。或许这些土著被这种新的生活方式所吸引，迅速适应了。在交流过程中，他们可能会带外来移民去他们住的地方，带他们认识用燧石建造的房子，探寻当地的神秘风情。

多：可以说我们的欧洲祖先在交往过程中改变了很多。

吉：我们不太清楚他们的人口总数比外来移民多还是少。不同地区情况都不一样：沿海地区的人口十分密集；林区的人口就比较稀少了。在法国南部和西班牙，农业不是突然发展起来的，这些地区主要还是以畜养山羊为主。

多：但最后，这些外来人占了上风。

吉：归根结底，他们的生产方式更有竞争力。对于他们而言，土地就是财富，他们可以在土地上耕种，也可以放牧。最后，他们一点点儿分散，占领了欧洲内陆。

开拓者

多：这是一场真正意义上的农业革命，那这场革命究竟是怎样进行的呢？

吉：这些开拓者逐步踏遍了整个欧洲地区。在公元前七千年的欧洲东南部，一种地中海式的生活方式开始盛行。人们开始建造房屋，而且几百年来一直在相同的地点修葺重建。木头或者泥土建的房屋往往都用石头打地基。

多：与此同时，另一波定居者从多瑙河来到了这里。

吉：在巴尔干半岛的另一边，这些开拓者面对的是一个完全不同的生态环境。所以，他们要在气候更加温和的欧洲发明一种适应新环境的模式。他们以养牛为主，因为牛比羊更能适应这种环境。他们建造了长十米至五十米的大型谷仓形状的农舍，这些农舍有木墙、茅草屋顶以及用作粮仓的平台。这种模式一直传到了巴黎盆地。这股浪潮经过莱茵河，在稍晚些的时候（约公元前五千五百年）到达法国。这种农民的生活方式取代了狩猎采集者的生活方式。

进攻森林

多：所有的土地都被森林覆盖。如果不开垦……

吉：外来移民开始用斧子或火开垦森林，在无法种植的多石地区饲养家禽。他们适应了不同地方的生态环境。不久，这里的自然环境就发生了改变，森林变成了空地。

多：这次，他们决定长久定居于此了？

吉：一些学者称，第一批来自欧洲气候温和地区的外来移民实行了轮耕，比如在多瑙河沿岸，他们开垦周边的森林，在住宅区附近实行了这种耕作方式。但这些土地如果不施肥很快就会变得贫瘠。几年之后，他们再搬到更远一些的地方，长此以往……就像推动一场在欧洲前进的农民革命。不过，这只是一种猜想。

多：还有其他猜想吗？

吉：还有一些专家认为这批移民长时间都待在同一地方是因为他们没有办法推倒森林，也没有办法完全烧毁它。所以，他们一般住在空气湿润的山谷地区、河边或林中空地。直到后来，他们使用了一种锋利的石斧才砍倒了树木……目前，我们并不能给出准确答案。

村 庄

多：不管使用了什么方法，外来移民都会很快改变这里的环境。

吉：是的，公元前五千年，法国南部出现了第一批农业型的村落。同时，我们试着分析了所有生态位：比如在阿尔卑斯山或者比利牛斯山，人们会在高海拔的牧场放牧；在法国南部，饲养山羊成了植被裸露和土壤侵蚀的重要原因，但人们还没有放弃狩猎和采摘。

多：他们保留这些活动是为了娱乐？

吉：更多是出于对野生动物的需要。一些地区的居民无法只满足于家养动物，还引入了一些野生动物，例如撒丁岛和科西嘉岛的雄鹿以及塞浦路斯的黄鹿，他们这么做的唯一目的是打猎！他们并没有忘记过去，还保留着自然野性的一面。

多：定居以后，人类看待世界的方式可能也不一样了。

吉：以前，狩猎采集者人口少且分散，生活具有很强的流动性。他们出门，交换，再回来……这次，村庄变成了人群汇集的中心地。其实很早之前，不同的群落已经显现出联合、结盟、整合成一个大的统一体的趋势，未来社会结构的雏形正在一步步显现出来。

人为改造的大自然

多：人们的交流开始频繁起来了吗？

吉：是的，农民不再待在自己的圈子里过着自给自足的生活。他们开始在森林里开辟道路，规划路线，不停开垦新的土地。他们和邻近的村落有更多交流。有重要的遗迹作为见证：在朗格多克大区发现了来自皮埃蒙特大区的斧子、罗纳河谷的燧石和利帕里岛的黑曜石！这就证明了在这个新的纪元，不同的村落之间已经互通有无了。

多：这种改变大概花了多长时间呢？

吉：约两千到三千年，人类的行为是关键。南方的森林一步步被矮林、黄杨木林、灌木丛取代。树木会重新生长，但人类为了获得木材和空地仍然不停地砍伐。只要有人居住的地方，自然环境就会发生变化。大自然被人为改造了。

短暂的回归

多：新石器时代的生活方式以一种不可逆转的趋势在各地盛行，难道就没有一点儿反抗的声音吗？

吉：由于自然环境的限制，开拓者暂时退场。比如在人类曾经驻足的汝拉山脉，森林重现。后来人类又回来了，森林再一次变成了耕地……山上有得天独厚的农业条件，但因气候多变，种植条件变差，农民只能休耕。

多：您是怎么知道这一切的呢？

吉：通过提取不同沉积物的样本，我们能在显微镜下观察到农作物、树、草的花粉……比如检测某个时期的某一层土，橡树成分是95%，草本植物是5%。如果上一层土中橡树的成分不超过20%，我们就能推测出这个时期有人类的痕迹。开垦过后，寄生于农作物的植物和在荒地生长的植物就会出现。所有的人类活动都会留下痕迹。我们可以通过分析土层轻松地知道祖先的冒险活动。

锄头和轮子

多：技术的进步使得征服大自然成为现实。人类不可能用石斧完成这些巨大的工程……

吉：在狩猎采集文明后期，狩猎和捕鱼工具非常小巧，几何形状的尖头石被安装在木柄上当作箭使用。那时弓箭已经出现。新石器时代到来，磨制技术提高，石斧被广泛用于森林砍伐。一些基本的农耕工具也出现了：用于播种和砸碎土块儿的挖棍以及挖地的锄头。有了它们，人类能够在播种前除草、松土。通常情况下，在森林火烧地表面播种就足够了。

多：如果没有这些工具呢？

吉：他们会换地方，到更远的地方耕种。直到公元前四千年，才出现了一种更有效率的工具——摆杆步犁。这是第一种牵引器械，主要用于开犁沟和播种，可以说是犁的鼻祖。锄头在很长时间内都是古代农民的主要工具。后来，在同一时期的美索不达米亚平原，人们发明了轮子。这项新发明很快就风靡了整个欧洲。

多：我们还发现了陶器，请问陶器也是这场伟大革命的成果吗？

吉：恰好相反，陶器的出现和这个时代并没有什么关联。在旧石器时代，远东地区的人大约在公元前一万四千年制造出了第一批陶器，主要用于储藏熏肉、鱼以及水果……

多：这一次，开拓者终于不是来自近东地区了！

吉：虽然近东地区是农业的第一起源地，但陶器出现在此大约是在公元前七千年。从那时开始，陶器伴随着人口流动开始传播到地中海和欧洲。我们在法国南部找到了公元前六千年的陶器遗址，发现了装饰丰富的陶碗、陶锅、陶壶。

优质矿山

多：金属呢？它也会改变人类的生活方式吧？

吉：第一次处理金属发生在公元前七千年的土耳其，或者在更早的伊拉克或伊朗。我们发现了那个时期经过锻打、压扁、穿孔后被制成宝物的铅制或铜制小物件。很快，人们发明了焙烧技术，实现了从矿石中提取金属成分。多瑙河沿岸的人也尝试铸铜。大约在公元前五千年的巴尔干地区，人们开采矿山，制造了一些重型工具，比如锄头。后来这些东西被出口到了其他地区或被储存了起来。

多：这个时期存在交换行为吗？

吉：当然。早在旧石器时代，人们就会交换从远处带来的贝壳、燧石。在新石器时代，人们的交流更加频繁。尽管有些村落的土地肥沃，但缺少了能制造工具的矿石，因此需要引进斧子和燧石等工具。

经济的开端

多：还没有谈到交易活动，他们是怎么进行交易的呢？

吉：当时没有货币，也没有公认的能衡量价值的东西。人们在亲友、邻居之间交换物品……大家以互惠为原则互相馈赠，其中的唯一好处就是培育了良好的道德风尚。越是来自远方的东西越是稀有贵重。如果收到来自远方的燧石或铜制短刀，就意味着背负了某种形式的债约，须在将来进行偿还。

多：有没有专门从事交易的人？社会分工的雏形出现了吗？

吉：以法国南部为例，五千年前，人们发现在罗纳河谷地区有一种质量上乘的金黄色燧石，这种石头经过煅烧以后可以做成刀片。但这种刀片并不是谁都能做好的，需要专门的人来做。从普罗旺斯到喀斯和比利牛斯，我们再一次发现了制作刀片的燧石石块儿。

多：由此可以推测出什么呢？

吉：这些手工业者会随身携带燧石，他们一般会当场制造刀片。他们在团体中具有一定的特殊地位。这些经济团体并不是建立在盈利的基础上，而是建立在社会认可之上。

源自无用的权力

多：因此，有些人就拥有了某种权力，不是吗？

吉：确实有人掌握着某种形式的权力。他们让铁匠锻造金属物件或让工匠打磨石制品。这些物件最终成为象征特权的社会符号。

多：这些物件全无实际用处。

吉：它们确实没太大的价值，大抵就是项链、首饰、兵器……我们在巴勒斯坦的米什马尔洞窟里发现的距今大约四千年的物件是何其考究！用野兽图案装饰的王冠、权杖以及铜制的容器……为了制造这些宝物，还使用了失蜡法：首先用蜡将物件的形状浇灌出来，然后用黏土制成的罩将其包裹，再通过一个孔，将金属液体引流进去从而代替蜡的位置，最后只须把黏土罩弄碎，一个金属物件便成形了。

多：这真是一个充满艺术性的工作！

吉：当然了。这些操作都需要掌握非凡的技巧并利用稀有金属。制作的这些物件并没有实际的用处，但可以通过积攒、展示这些宝物强化个人的权力。宝物，即意味着权力的诞生。

多：权力源于无用，而不是源于需求。

吉：无用还加强了权力。金属在被发现之初有两种功能：一种是实际用途，另一种是象征意义。尤其是黄金，只能做成首饰。他们在日常生活中只会使用部分金属，但会将金属放置于墓穴中，意味着他们愿意放下生命中最珍贵、最重要的人和物，并献给祖先。就这样，金属没有进入市场，而具有了永恒的价值。

多：可以说，技术不仅促进了经济产生，还带来了权力关系。

吉：所有的发明创造——摆杆步犁、套车、车轮、金属——都必然伴随着持续的交换和深层的社会转变。无法得知是这些技术导致了等级制度的诞生，还是萌芽中的等级制度使革新的苗头壮大？是经济创造了社会，还是社会孕育了经济？或是两者一直处在互相影响的阶段？这个成长中的生产型社会将会逐渐形成一个金字塔式的社会体系。

第三场

被束缚的人类

成为定居者和农民之后，人类以一种全新的眼光审视着自己。他们选出首领和专家，发明了分工、工作和等级制。文明继续前进，黄金时代宣告结束。

社会性动物

多：对第一代定居者来说，这可算得上是飞来横祸了。他们本以为只要掌握了畜牧农耕的方法，便可以征服自然，如今却要屈服于权力的暴政之下，被拘束在一系列的社会规章制度中。

吉：人类是一种社会性的动物。在这个时期之前，权力很有可能已经以某些形式出现了。举个例子，在旧石器时代常有一些由 20 到 30 人组成的游牧群体，他们因捕猎而聚集在一起，常常需要指定一位总负责人。当然，这种短暂的权力会随着猎人散开而消失。那时的权力同社会一样，具有很强的流动性。

多：但对于定居群体来说，固定生活在一个地方导致事情逐渐复杂起来。随着社会体量变得庞大，权力也一并增长。

吉：是的。只有颁布相关的管理条例并要求大家严格遵守，才能管理和维护那些日益壮大的团体。强者或善辩者是否能独揽大权？权力是否要被委派给更有领导才能的人呢？总之，权力的分配逐步展开。最初，村落里的居民很少，最多也就几户人家，他们可以通过集体讨论做出重大决定。

从权威到权力

多：等级制并不存在于最初的村落中吗？

吉：在最初定居下来的集体中，人们没有动机发展更深层次的不平等关系。为了让所在群体能够得到更好的发展，每家每户都能参与到集体事务的讨论中。只有上苍的恩赐才具有真正的权威。但有些人会拥有更广的人际关系网，他们会收到更多来自四面八方的礼品。然而，这种威望具有不稳定性。如果他们耗尽了交换所得和他人馈赠之物，便会丧失权威并回归到原本的样子。

多：那当人口数量持续上升的话……

吉：那便需要控制住这种上升的态势。要么是团体分裂，即一部分居民迁移到另一座村落中去，在这种情况下，原村落的制度会被保留下来；要么就是寻找另一种形式的权威，从而管理日益壮大的团体，并处理数量激增的内部冲突。

多：就这样创造了等级制度！

吉：委任形式逐渐出现，权威过渡到了权力。社会等级金字塔悄然成形……早期的权力领导已呈现出多样化的特点：政治人物、经济管理者、内行的手工艺人、精神领袖以及解释超自然现象的大师……此外，定居的生活方式创造了富足。因为有了剩余的农作物，一部分人可以进行技术、手工和管理方面的探索，也就是我们今天所说的第二产业和第三产业。

第一批领袖

多：可以说权力来自定居生活吗？

吉：可以。原始人类过着群居生活，在第一批村落中出现了一些暂时的领导者，随后又有了部落的酋长，由此，不平等的社会拉开序幕，国家也应运而生。这也是现在最普遍的观点。同样，我们可以想象"权力"这个概念在第一个小村庄里就已出现。尽管这些小村落一无所有，但也一下子有了职责和地位的差异。从那时起，社会分层愈加明显，权力阶级也愈加固化。统治者想要永久地占有权力，并且传承给自己的后代。

多：那么，权力世袭是在新石器时代出现的吗？

吉：因为掌权者意识到自己终将死亡，又因为他能从自己所处的位置上获利，他自然就想把特权传承给后代。由此，"氏族"的概念也就不难理解了，这是人类对祖先的尊敬与崇拜的延续。

多：为什么是尊敬与崇拜呢？

吉：因为这才能合理地解释权力。因为我们拥有的土地是祖先用劳作和血汗换来的，我们自然就会歌颂祖先，崇敬祖先，并把他们埋在雄伟的墓地里。既然见证过这样的过程，人们便会将这份情感转移到自己身上，开始树立自己的权威。村落的团结围绕着创建者的氏族展开，逝去的人为活着的人提供了权力基础。

多：我们是如何得知这些的呢？

吉：我们所发掘的墓地就是最好的证据，它们证明了大部分人都对祖先抱有崇拜之情。通过研究墓地，我们能够看到不同的社会阶层，分辨出人们地位的差异，猜测社会成员之间的关系。

不平等的死者

多：如果说死亡让一个村落变得更加团结，那它也使得最初的社会分化更加牢固。

吉：是的，在新石器时代，埋葬死者是一种常见的做法。源起多瑙河流域的欧洲新石器文化就已经出现了大型公墓。

多：此后，所有人都能拥有一个墓地了吗？

吉：不是的。我们只能在大型墓地里找到一小部分村落居民。其他人可能被火化了，也可能被抛在墓地旁。只有特定的人才能享受埋葬之礼，比如最佳的猎人、演说家。葬礼的仪式已无从考证，但肯定有级别之差。

多：比如说？

吉：在孩子的墓地里能发现很多昂贵的随葬品，说明特权与生俱来。因为一个孩子是没有时间用外表、智力或人格魅力在社群里建立威信的。在公元前五千年的阿尔莫里卡地区，只有德高望重的人能被埋葬在雄伟的坟墓里。不久之后，巨石建筑，即雄伟的石头坟墓，也是根据一定的权力地位而建立起来的。

多：建造巨石建筑也是从近东地区传来的吗？

吉：我们曾经认为存在支石墓族人。他们作为巨石教的传教士，来自地中海东岸。这个想法是错误的。巨石的概念并不是在近东出现的，而是来自一些特定地区，出自历史某个阶段，不在高加索、马耳他、北非或阿尔莫里卡地区……

巨石建筑

多：我联想到了布列塔尼的支石墓。

吉：放射性碳研究表明，布列塔尼地区的巨石比以色列、约旦和叙利亚的巨石还要古老。全部坟墓都在一个大房间里，有一条连接外面的走廊，原本上面覆盖着一个小山丘。现在只剩下由巨大石块儿组成的石桌和一些支架。

多：所以和凯尔特人毫无关联吗？

吉：没有！恰恰相反，支石墓比凯尔特人出现的时间要早，和凯尔特人的文化完全没有关系。这些无稽之谈出现在 18、19 世纪的“凯尔特时代”。支石墓是史前的坟墓，在法国南部和布列塔尼也能找到！

多：还不能混淆支石墓和糙石巨柱。那么它们之间真正的区别是什么？

吉：糙石巨柱是竖立的石头，不是墓地遗址，而是具有纪念意义的石碑、石桩、建筑物，是祈求神谕的场所。至于布列塔尼大区的卡尔纳克巨石遗址，曾有观点认为它具有天文学意义，但也只是猜测。有些阿尔莫里卡式的巨石柱出现的时间比支石墓还早，有些是现代的，还有一些可能是近期的……

多：为什么支石墓如此庞大呢？

吉：可能是想表达一种永恒的意味，一种想永垂不朽的意愿，但也体现了当时的一种竞争意识。在地上做标记、立石碑是一种表明领地的方法。由于墓地的建立，自然风景走向了组织化和社会化。

土地和公牛

多：最早的村民可能和旧石器时代的祖先不具有一样的信仰。让·克洛特提到过，我们并不会对圈养在棚里的牲畜产生崇拜之情。

吉：很有可能是因为人类散落在地球的不同地区，从而产生了属于自己的宗教信仰。那么，他们所信仰的神是不可互换的。比如说，在近东地区发现的许多体型丰满的女人以及公牛的图案也许具有某种宗教含义。

多：哪种宗教含义？

吉：可以想象一下，公牛代表“人类”“力量”和“阳刚”，女人则代表“土地”和“孕育”。我们经常能发现它们之间的二元性。公牛被看作暴风雨、天，恰恰是暴风雨和天给大地带来了雨水的滋润。女人就是大地、母亲，给植物和动物带来生命。小亚细亚半岛的一幅拥有七千年历史的公牛画像和撒丁岛墓中一幅拥有四千年历史的公牛画像，蕴含相同的意义吗？暂时还没有定论。可能一幅代表着生命，另一幅暗示着死亡。

多：所以在新石器时代，源自近东的宗教之间没有相似之处吗？

吉：可能最早的欧洲农民具有相同的精神地基。但是每个文明创造出了自己特有的宗教和文化信仰。比如说，在土地文明刚开始的时候，阿尔莫里卡地区的村庄一出现，神庙就出现了。我们在一些村落旧址找到了用来祭祀的颅骨。

多：以人类作为祭品？

吉：可能是。在地中海西岸的某些地区，甚至还有吃人的情况。我们发现人类和动物的骨头在同一个地方，有可能是食人族吗？或者说和某种仪式有关，俘虏敌人以显示自己的力量或向神献祭？或许吃人是一种葬礼仪式，一种对待死者身体的特定方式。

生育的女人

多：无所不在的农业应该也浸透到了当时的信仰和传统里。

吉：大部分信仰都与农耕有关。人类以某种方式从大自然中解放了，却以另一种方式变得更加依赖：求助雨水、太阳……在饥荒、瘟疫时期，人们会祈求上苍降雨，祈求有足够的食物。

多：那时求神多是出于功利的动机吗？

吉：一部分。宗教的目的在于摆脱日常和功利主义，引导人们去思考世界和世界的主宰。我们尤其会关注世界的循环：人类的出生、生活、死亡；植物的发芽、生长、死亡以及在下一个春天重生……那个时期的雕像恰恰象征着这样一个循环往复的世界，一个不断重生的世界。

多：那些雕像是什么样的？

吉：比如说，女性雕像保持着分娩的姿势，婴儿的头位于两腿之间（公元前七千年）。这是生命的馈赠。但代表男性的雕像就只有一个公牛的头。还有一些雕像是一个丰满的女人，怀中抱着一个小人儿——抱着的是孩子（新生的标志），或是男性伴侣（再生的象征）。不管怎样，小人儿都处在次要位置。

多：那么女性占据主要地位……

吉：通常是这样……大部分的女性雕像都非常丰满，象征着健康和良好的生育能力。就像大地滋润万物，女性承担着赋予生命的角色。因此，许多宗教崇拜的形象都是女性。在近东地区，母亲神只有在和男性交媾后才能滋养庄稼。从这时起，农业就成了性欲的象征。相反，我们几乎没在北欧发现过类似的小雕像，信仰可能会以另一种方式体现出来。

多：总之，生育能力在当时肯定是非常重要的。

吉：是的。我们在意大利北部的阿迪杰河谷发现了一尊拥有七千年历史的雕像。在我看来，它完全就是新石器时代到来的象征。这是一尊有着丰盈乳房的女人雕像，在血色赭石盆地中分娩，双腿之间是一株植物。她赐予了植物生命，流淌着象征再生的鲜血……新石器时代的信仰就是如此，但也有其他信仰同时存在于这个时期，并且几千年来不断地发生变化。

多：这一时期前出现在岩石上和洞窟中的艺术也符合这种象征吗？

吉：那个时期大部分的壁画描绘的并非农耕场景，而是狩猎场面。正如意大利巴迪斯科港遗址所揭示的，艺术变得越来越抽象和符号化，太阳、涡纹、十字架……艺术变得越来越深奥难懂，没有基本的艺术启蒙根本就无法理解。

临时的家庭

多：那么，当时的家庭组建情况是怎样的？在最早的农耕社会中，人类是成双成对住在一起的吗？

吉：有人认为，旧石器时代最原始的家庭其核心成员是男人、女人和孩子。也有人认为在原始社会，一切都是混乱的，没人能说得清。在旧石器时代，家庭很有可能只是临时、短期组建的，也就是说，孩子也能被父母以外的其他成员抚养长大。但毫无疑问，人类开始定居生活之后，家庭成员之间的关系变得紧密起来。

多：村落的出现和房屋的布局难道不能给我们一些启示吗？

吉：新石器时代房屋的大小根据文化和时代的不同而有所区别。在欧洲东南部，有一些房屋的面积很小，大概能够容纳 3 至 5 人居住。人种学家提出，也有人白天在外生活，夜晚挤在一间屋里睡觉。在新石器时代的多瑙河流域，大面积的房屋是不是都属于人口数量庞大的家庭？母亲的兄弟也住在一起吗？从某些雕像可以看出，当时两人组建的小家庭确实存在。

需要注意的是，当时的人类社会呈现出多样化，并不存在单系氏族。

多：您说，女性代表生育力，公牛则代表男性、猎人……这是否暗示了一种性别上的不平等？

吉：人们常说，在原始社会，男人狩猎，女人采摘野果。由于要生育和照顾孩子，女性常常被贴上“安静”“稳定”的标签。相反，男人则是“变化”“行动”……这是刻板的印象。在人类定居后，农业和畜牧业发展了起来，当女人帮忙照看农田里的活儿时，男人才有时间去狩猎。如果把女人比作植物，那男人就是动物。但不能一概而论。在叙利亚的阿布·赫雷拉遗址，我们发现了一些关节和骨头，表明死者生前曾长时间在石磨前蹲着磨谷。我们还发现，做家务的男人和女人一样多！

男性和女性的权力

多：那么男人和女人之中，谁先拥有权力呢？

吉：定居生活和农业的发展使得女性成为社会中最核心、最稳定的要素，甚至曾经还出现了母系氏族制……人们常说，在原始社会里，男人最先拥有权力，但人类学家对此持保留意见……从具有明显新石器时代特点的文物来看，女人象征了生命的源头，但这并不代表女人拥有社会权力。

多：那些雕像没有体现出两性的关系吗？

吉：男性通常占据主导地位。在意大利拉齐奥大区一处公元前三千年的地下坟墓中，我们发现了一具男性尸体，身旁是箭筒、盘、碗、匕首，而紧靠墙壁的是一个身体蜷曲、头颅碎裂的女性。我们猜测，这个女性是男人的随葬品。但也有一些相反的情况，比如在美索不达米亚的乌尔皇家公墓里，有一个位于中心位置的“女王”,周围围绕着无价之宝。除了随葬品外，还有几十个人随她一同埋入地下。所以，在不同文化和不同时期里，男性和女性的地位是不同的。

多：女人是生命的源头、农耕文明的创造者、社会文明的母亲……真是一个美丽的神话，但这只是一个传说而已吗？

吉：20世纪70年代的女权主义者曾对此发表了诸多看法。在他们看来，农业是由女人开创的，女人在社会中扮演着主心骨的角色，因为她们确保了村落的稳定和延续，而男人狩猎还得看运气。新石器时代是女性的黄金时代，男性地位后来才慢慢提升。随着一些技术的发明，尤其是需要体力的摆杆步犁技术以及畜牧业的发展，父权制逐渐被确立。一切都具有投机性。

多：您怎么看呢？

吉：人类学研究表明，在某些时期的社会，血统尽管是由女性来维系的，但女人的地位并不高。我更倾向于认为，两性之间有一种相对的平等，并不是其中一方占有主导权，家庭、氏族起着更大的作用。总之，极右的女权主义或男权主义都是站不住脚的。

大屠杀

多：人类开始划分领地、发明所有权，也突然激发了嫉妒、贪婪、争吵、冲突，甚至战争……

吉：当时的战争倒也没有出现军队或者火药武器，首次达到这样规模的战争出现在距今三千年前的美索不达米亚地区。人类开始定居之后，人口数量上升且密度增大，出现一些争夺土地、报复性的冲突。当人们定居后，可供狩猎的土地面积变小了。恰恰是人口问题引发的矛盾和分歧导致了冲突……

多：我们还能找到一些冲突过后留下的痕迹吗？

吉：在苏丹的杰贝尔·萨哈巴墓地（公元前一万一千年），60 多具尸体中有 24 具被箭射伤，有些还被投掷物击中……在德国的一处的墓地里（公元前五千年），我们找到了 33 具尸体，有男人、女人以及小孩儿，他们的头颅都被石斧击碎了……在新石器时代，人们开始互相攻击。这是有预谋的屠杀还是献祭，目前还众说纷纭。

多：不管怎么说，当时人类的寿命不长。

吉：婴儿死亡率非常高。据人类学家所说，四分之一的婴儿都夭折了，还有四分之一的孩子在10岁前就死亡了。当时人类的平均寿命非常短，大概只有30岁，但也有人活到了60岁，甚至70岁。当时的卫生条件差，还面临着野兽和疾病的威胁，比如天花、结核病、布鲁氏菌病、伤寒等。人们因关节病而叫苦不堪，这是当时一种普遍的疾病。大部分人还有骨伤……

多：当时的人懂得如何治疗这些疾病吗？

吉：因为肉体无法保存，所以我们只能检查尸骨。当时，人类已经知道利用夹板来固定骨折的地方，还会开颅。这是为了治疗癫痫或头痛呢，还是一种仪式呢？我们不得而知，但有一件事是确定的——通过研究头骨上的愈合痕迹，我们发现，当时的人类会做头颅环钻手术。还有人在死后做过头颅手术，应该是为了查清死亡原因。“外科手术”在当时已经具备科学的雏形了。

国家的雏形

多：我们之前提到的"新石器时代的巨变"是什么时候结束的？

吉：大概公元前三千年。在美索不达米亚地区，苏美尔人创造了文字；古埃及人在尼罗河沿岸定居，孕育了古老的法老文明。考古学家将原始史划分为不同阶段："铜器时代"（公元前四千年至公元前三千年）、"青铜器时代"（公元前两万两千年至公元前八百年）以及"铁器时代"（公元前八百年后）……但类似这样的划分是没有什么意义的。事实上，时代与时代之间的间隔很模糊，实质上是同一部历史。

多：那么人类的生活方式呢？

吉：经济总是依赖农业和畜牧业，人类的生活方式日趋复杂。地中海东岸的人们建造起宫殿和城墙。这说明社群变得越来越大，社会的等级也越来越明显，社会活动也更加专业化。专门从事食物生产的人以及专门负责金属、陶瓷、石制品或是皮制品的工匠也出现了……并且，在金字塔的顶端，最高权力者负责资源再分配和冲突处理。这就是国家的雏形。

想象中的平等

多：仅仅是定居在一块土地上，居民聚集起来，就足以滋生权力和不平等了。

吉：是的。但也可以换个角度思考，这不过是再现了人类之间的不平等罢了。

多：为什么说是"再现"呢？

吉：让我们回到原始时期，也就是旧石器时代。当时，人类所处的蛮荒世界是不平等的。人类设定了一系列的规则与禁忌，自称与地球上的动物有所不同。人种学的比较研究证明，原始人类是团结的。猎人杀死野兽，恰恰说明人类拥有杀害动物的权力。随后，猎人将一小部分食物分给同伴……分享也是必要的，这是一种保险的行为，因为在未来，同伴也会分给他食物，那时就轮到他享用食物了。

多：在一个不平等的世界，人类也会创造出平等。哪怕终有一天，平等不复存在……

吉：是的。人类追求权力上的平等以对抗原始社会的不平等，这种不平等是自然发展的产物。稳固的社会必然会满足每个成员的需求，并且，人与人之间不能有太大的差距。但随着村落的出现以及社会的飞速发展，不平等将会占据上风……

太阳底下无新事

多：征服大自然反而使得人类被征服……从这个观点出发，新石器时代是否是一种后退呢？

吉：恐怕是的。当时的人类已经称霸地球了，他们驯服了野生动物，培植了野生植物，成功地征服了大自然……我认为这样的成就已经让人类开始晕头转向了！人类有竞争的偏好，自认为是获胜者、征服者。他们更加迫不及待地要在同胞身上证明这一点。

多：但已经没有机会回头了，人类早就被牵扯进一连串的麻烦事里……

吉：历史并不是线性发展的，有高潮也有低谷。比如约公元前三千八百年，在美索不达米亚人口增多的同时，塞浦路斯的村落规模变小，人口数量减少。但这没有阻止新石器时代的到来。不需要去质疑农业和畜牧业，或怪罪定居的生活方式滋生了权力和财富。

多：其实从某种程度上来说，人类确实战胜了大自然，但也失去了自由。

吉：最早出现的村落之间的联系就已经很强了。人们相互依赖。小村落围绕地区中心快速联合，地区中心是未来城市的雏形。人口密集区又演变成集市、宗教场所或人们见面的地点。人们会通过联合缓解矛盾。但冲突与战争还是会周期性地出现。最终,人类见证了最好和最坏的自己。从此,太阳底下再无新事。

尾 声

Épilogue

时间推移到现在，我们仍然想问：人类如何摆脱了天性的束缚？我们已经彻底走出史前时代了吗？扪心自问，忧愁难安……我们还能继续书写这美妙的人类史吗？

混合与多样性

多米尼克·西莫内（以下简称“多”）：几万年过去了，时间最终把我们变成了现在的模样。我们曾谈论过那些形形色色的史前人类，如今全球化所带来的人口大混合，是否会导致人类走向趋同呢？

安德烈·朗加内（以下简称“安”）：不会，广义上的人种混合是错误的说法。如今长距离的流动人口和移民的总人口都不到世界人口的10%，也就是说全世界只有六亿人生活在人种交融的地区。这些地区要么是大都市，要么曾经是奴隶的流放地。巴西和印度洋地区的人口交融不是出于主动选择，更多是历史原因。大多数人没有迁移，与同胞一起生活在当地。

多：但这种情况也在改变……

安：是的，随着大城市的不断增多。人口庞大的中国、印度以及其他亚洲国家正在壮大，成为人口的“大熔炉”，但还算不上世界性的，真正能被称为世界人口“大熔炉”的城市并不多。

多：我们常常听到这样的说法，由于人类不同种族之间的通婚，世界上将会出现越来越多的混血儿，就像咖啡牛奶那样……

安：这又是一种错误的想法。这样的类比极具误导性：人们以为只要将黑色和白色进行混合，就能得到像咖啡牛奶一样的中间产物。虽然第一代混血儿的肤色中和了父母的肤色，这个理论看似正确，但遗传学家十分清楚，第二代混血儿通常又会重现祖父母的特点以及父母的隐性特征。

多：那人类会变成什么样子呢？

安：如果想知道不同人种长期混合的结果，不妨去看看巴西人。巴西人有一小部分美洲印第安人的基因、一部分非洲人的基因和大部分欧洲人的基因。或者也可以观察印度洋小岛上的岛民，他们的祖先大多来自非洲和亚洲国家。我们可以观察到什么呢？他们并不都是像咖啡牛奶一样标准的混血儿，而有着完全随机的外形特征，甚至还拥有原生人口身上没有的特点，比如又短又卷的金发或有蒙古褶的蓝眼睛。

多：所以混血儿并不都是一样的？

安：认为混血儿是中间产物，父母各自的特征消失，而结合生成一种新的特征，这样的理论是完全错误的。人类既不能融合两种不同的基因，也没法得到一种中间性质的基因。基因之间并不会互相稀释，它们在每一代人的体内以不同的方式随机组合。混血儿的出现实际上增加了人类的多样性。

正在消失的语言

多：这可是个好消息。人类保留了自身的多样性，甚至会更加丰富。但对于我们之前讨论过的人类的另一项发明——语言的多样性，又是怎样的情况呢？

安：这一次是坏消息。世界上各个语言的生存情况十分糟糕：许多语言正在加速消亡。事实上很多语言已经消失在历史的长河中了。从前，殖民国的文化通常会侵蚀被殖民国的文化，甚至会使之完全消失。可到了今天，情况比以往还要糟糕。

多：要怪罪于全球化吗？

安：这当然和全球化有关系。在新石器时代，每个村落都拥有自己的方言，五百个人使用一种语言。可到了如今，交流的方式完全变了。电视中的统一语言压制地方方言，南北语言差异由大变小。虽说在塞内加尔东部的小山村仍然有两千人保留着自己的方言，但很快也会面临和巴斯克语或布列塔尼语一样的命运。如今的布列塔尼语，只能以文化附属品的形式被保留下来，再也不能作为一种可供交流的语言了。这种情况在全球范围可谓十分常见，只有极少数的语言可以在旅游、学习或是日常生活中使用。

多：您怎样看待它们未来的命运呢？

安：那些使用率低的语言会慢慢消失。一些语言学家预测，在未来的二十年内，95% 的语言将会消亡！也许这个速度还在加快。但能肯定的是，对于那些能够生存下来的语言，最根本的要求是能让世界上绝大部分的人进行交流。所以，英语、汉语、俄语、阿拉伯语以及一些在印度和非洲通用的语言将会长期存在并互相竞争。

人权在先

多：那可以这样说，受到威胁的是文化多样性，而不是生物多样性。

安：只要人类不大规模消失，我们的遗传因子还是安全的。但如今我们的生活方式越来越相像，所以文化之间的差异会逐渐缩小。但只要我们想，我们还是能够保护文化多样性的。

多：但我们想吗?

安：很明显，科学家并不能阻止文化多样性的消亡，人类学家正眼睁睁地看着他们研究的人类“样本”慢慢流失……但如果仅仅是为了保护文化，谁又愿意回到那些没有先进医疗设施和现代技术的日子呢?谁又能像五千年前的祖先们或者半个世纪前的澳大利亚土著那样生活呢?没有人希望这样去做。只让人活在保护区里面的时代已经过去了，更何况没有人想生活在石器时代。只要人们理智地思考，应该都会选择现代化的生活，但现代化必定会导致文化多样性的消亡。

多：哀叹多样性的消亡！这算过犹不及吗？

安：是的，我们既不用特意去建立一个保护人类多样性的区域，也不用去赞扬一切具有异域风情的独特事物。我们应该抵制存在于世界文化当中的“非人类”行为。我们绝不能以文化差异为名接受砍断小偷之手这样残忍的刑罚，或是对性侵儿童的行为睁一只眼闭一只眼……人们不应该蔑视不同的文化，但如果要强迫我们去尊重“非人类”的行为，这也是不容商榷的。从某种角度来说，人类正在采用国际组织规定的法则和条例去寻求不同文化之间的共同之处。人权只有在普世的情况下才具有意义，离开这些来谈多样性，还是算了吧！

史前学观点

多：那学者在面对这些问题时，是否具有道德方面的义务呢？

安：掌握并传播科学知识的学者在面对社会时是有责任的。如果有人出于意识形态等原因，到处散播诸如法国的人口在减少的假消息，我们应该大声呵斥这些骗子。而当极右党派宣扬种族差异，说某个种族不具备其他种族一样的天赋和能力时，我们更应该驳斥他们，说这是有悖科学的。

多：要反驳的偏见可不止这一个啊！

安：是的。美国联邦调查局到今天仍在寻找那些能决定所谓种族的基因。法国也存在同样的情况：有法医专家希望我能利用基因技术帮他们鉴定有马格里布地区血统的人，这简直愚蠢至极。地中海从不是阻隔北非和欧洲的障碍，反而是二者相互联系的桥梁。人类在地中海通行了八千年，两个大洲上的居民早已相互交融……可以说，科学技术在飞速进步，但人类的观念却停滞不前！

多：无论在科学层面站不站得住脚，但“种族”一词仍会经常出现在我们的日常生活中。

安：是的。学者也改变不了什么。人们会把这个词和穿着打扮、行为举止混为一谈。没有人会说因纽特人像俾格米人，他们长得完全不一样。我们必须承认，不同种族之间的外貌特征确实存在明显的区别，但外表不能当作划分人种或基因类别的工具。我有一位突尼斯朋友，他信奉伊斯兰教，说阿拉伯语。可在街上遇到他的人都以为他是爱尔兰人，因为他有橙红色的头发，白皙的脸颊上布满雀斑。他还是一位免疫学专家，所以他在自己身上做了测试，结果发现他的体内竟然有一种只有在非洲黑人体内才有的特殊基因！他看起来像白人，内在是黑人。好一位免疫学家……

多：这个故事告诉我们不要只看外表。但我们也不能总是求助于科学……

安：确实。我们是城市里的公民，身处法治国家，宪法明确表示，全体公民，不论血统、种族和宗教信仰，在社会中一律平等。设立接收外国人的门槛，建立种族标准，都是不能接受的。与这些偏见做斗争是我们每个人的责任。

进　步?

多：当我们回顾这一千年来人类造成的动乱时，可以说人类并没有走出史前时代。如今，我们正处于人类历史中的哪个阶段呢？当您站在宏观角度观察时，人类的历史是否一直在进步呢？

安：多亏了技术的发展，人类传承文化的能力得到惊人的提高。当我们谈论进步时，必然涉及一种意图和价值判断。但到底什么是“进步”呢？如果站在遗传学的角度去思考，藻类植物和蝴蝶的DNA远远比人类的DNA强大。如果从生物大量繁殖的能力来看，那么蚯蚓完胜人类。

多：那就说说改造大自然的能力吧……

安：在某些时期，其他物种甚至比人类还更大程度地改造了大自然。最先出现的植物改变了大气的组成成分，产生了氧气，这也是生命繁衍的必要前提。然而，人类却做得太过了，严重破坏了地球的环境……人类的特征不仅是能用语言进行交流，还包括我们刚刚所谈到的自我改造的能力，以及思索和预测未来的能力。对未来的规划不再是为了突破生理上的极限，或为了适应外在环境，而是为了摆脱大自然的束缚，以另一种方式生活。所以，这就是人类控制、决定、创造社会的原因。这本应该是一个要被所有人接受的长远选择，然而现实却恰恰相反。

多：您相信那一天会到来吗？

安：我是一个重视事实的人。一方面，我们观察到，除了政治、文化、生理上的不同，其实全世界的人类都拥有着可以互相交流，分享资源、知识和认识的能力。可另一方面，人类也在破坏，甚至是毁灭每个大洲上的每一寸土地。在所有的社会文化当中，人类最普遍的才干就是攻击以及掠夺邻国，可那些真正繁荣的地方反而能够长期维持和平。所以，找出人类互相攻击的原因并及时纠正，是全人类在新世纪的共同规划。

*****

想象力的遗产

多米尼克·西莫内（以下简称“多”）：就像安德烈·朗加内所说，人类的计划是摆脱大自然，并用想象力、艺术和宗教等去超越大自然……那到今天，早期祖先的文化仍然影响着我们吗？

让·克洛特（以下简称“让”）：这是肯定的，面对大自然时，我们的思考方式、行为举止以及多样的态度和祖先一脉相承。在统一之中仍保留着多样性，这便是人类的特性之一。只有依靠想象力，我们才能和祖先联系起来……而岩壁艺术，这项在岩洞中绘画和雕刻的活动，是唯一存在于五大洲、超过了一万年的人类文化！斯堪的纳维亚半岛、西伯利亚、非洲……在任何地区，我们都能找到它们的踪迹。

多：但人类已经很久没有走进洞穴深处，与神灵进行沟通了。

让：我们在玛雅人的遗迹中找到了一些相似的传统，他们也会在洞窟深处绘画。在多米尼加共和国，有人会在洞穴深处吸食一种致幻的植物……史前时代在洞穴中举行的入教仪式已经成为人类冒险的一段重要篇章。但一直以来，人类都在进行岩洞艺术的创作。

多：有何目的呢？

让：为了记录人类起源的秘密，为了解释信仰，或只为了讲述故事。在美国的俄勒冈州和华盛顿州，印第安的岩壁画家描绘了一幅死神画，让人联想到 18 世纪由白人带来的传染病。在意大利一个山谷里发现的壁画中，我们可以看到新石器时代到中世纪的时代更迭：拿着盾牌、剑、长矛的战士，罗马文的铭文，有着十字架的中世纪教堂……

文化歧视

多：艺术家们在岩石上作画的传统一直持续到了什么时期呢？

让：在19世纪末的非洲、美洲，或是近些年的大洋洲，我们仍能看到这些流传已久的艺术传统。在某些地区，由于居民的生活方式并没有发生很大变化，所以他们仍然保留着祖先的宗教习俗。当部落的最后一个成员去世时，艺术也会随之消逝，因为这类艺术形式只能通过传统的口耳相传方式保留下来。很快，岩壁艺术将会成为一种化石艺术。

多：这种岩石上的艺术像是一本敞开的书籍，内页散落在地球上。我们能找到的，不过是历史的碎片以及对祖先的零散记忆……

让：这是世界上最非凡卓越的博物馆，是包含普世价值的人类遗产。令人难过的是，偌大的地球上仅有几处被保护了起来。当我们意识到它们的重要性时，壁画的损坏速度却空前地变快了。

多：对这种艺术来说，最大的威胁是什么呢？

让：不管是在岩洞里，还是暴露在空气中，它都会受到各种各样的威胁。首先是来自大自然的阳光、冰冻、水流等。也有来自人类的威胁。比如北欧的工业污染产生了大量酸雨，严重损坏了斯堪的纳维亚的岩画。各处都有破坏文物的行为，有些甚至使得整个遗址都消失了。在某些国家，岩画竟被分割成小块儿贩卖。当然，全球范围内的城市化和工业化使每一幅岩画都受到了威胁。

多：尽管最近对史前文化和艺术的研究逐渐流行起来，但也无济于事吗？

让：在美国，几乎没人会为了保护这些不计其数的壁画而采取什么实际行动。他们会为了建畜栏或水坝而去摧毁那些杰出的作品。在美国西部，很多人甚至把壁画当作靶子练习射击！无数珍贵的壁画被埋在了水坝中，比如葡萄牙的塔加山谷……如果人们还不采取行动，不到五十年，一大批人类的共同财富将会永久消失！

多：那我们该怎么做呢？

让：首先要引起国际上的重视，每个国家都应该有专门的机构进行清点研究，并建立一个统计表……我们曾经发动全民阻止凡·高的作品流落海外，为什么还不采取行动去保护那些珍贵的壁画呢？

多：为什么当我们向世人展示保护埃及艺术品的努力时，大家都无动于衷呢？

让：因为这些不是直接属于我们的文化。西方人对非洲或印度艺术不太感兴趣。美国人只对来自欧洲的艺术比较感兴趣，因为这类艺术能够唤起他们的共鸣，探寻他们的来源。从某个角度来说，这就是一种文化歧视。

洞穴已死

多：那些知名的洞穴以及史前艺术的美丽产物也都受到威胁了吗？

让：就像地球现在已满目疮痍一般，洞穴也濒临消失。从我们发现的那一刻起，它们就不断地遭到破坏。为了保护壁画，就要保护洞窟，因为它们十分脆弱。如果洛特省的佩什梅尔勒洞窟上面发生了一场大火，那将会是灭顶之灾。因为一旦用水灭火，水不会蓄在土里，而会大量流到洞窟中。所以不仅要注意保护洞穴，还要时刻关注周边的环境。

多：真是让人担忧……

让：的确。从前的人们不怎么费劲儿就可以在岩穴里找到燧石和箭，把它们作为文物保存起来……1925 年，为了勘测尼奥洞窟中一个被湖覆盖的新地道，步日耶竟然用炸药把覆盖在上面的石笋炸开，让水流出来。天哪！居然有人会用炸药去炸一个古迹！这些洞穴已经保存了一万五千多年，我们都以为它们能永远这样保存下去。

多：在1950年代，由于旅游业的发展，拉斯科壁画差点儿就被毁了……

让：对，有一天我们突然发现某些钟乳石有些褪色，壁画也开始变得模糊不清。结果发现是因为涌入景点的游客完全改变了地下环境，温度升高，藻类植物开始生长，壁画像蒙上了一层雾……这就是为什么关闭了真正的洞穴，又为游客建造了一个洞穴的复制品。

多：现在我们不会再犯类似的错误了。

让：已经少多了。如今的洞穴研究者正进行着前所未有的勘探工作，但他们更重视保护遗迹，学者也是。如果不进行探勘就直接开辟工地、修建高速公路或者隧道，那将引发诸多问题。我们在各处努力实践医生的宣言：首要之务便是不可伤害。有越来越多的人意识到，将这些文物传承给后代是很重要的。

多：除了壁画，祖先还留下其他东西了吗？

让：在19世纪，仍然还有几个原始小岛。比如，新几内亚岛上的岛民从未与白种人打过交道，他们祖祖辈辈就生活在岛上。但现在，一切都变了。时代见证了这些原始小岛的消失。我们再也找不到未被发现的人类了，也找不到那些保留原始生活方式的人了。年轻人离开了部落，到城市里寻找新的生活，然而他们往往位于社会底层，他们的传统也随风消逝了。

艺术的终结

多：传统文化消失了吗？

让：在与西方世界接触之后，本土文化快速更迭。美洲、亚洲、非洲或是大洋洲，这些地方总会存在一些渴求保留自我生活方式的传统文化。在世界各处，也总有一些人类学家和考古学家希望复活那些已经消失的传统文化。除此以外，新时代运动也力求歌颂古老的信仰……但我认为最后这几种方法并没什么用。

多：您不赞同吗？

让：当文化顺应历史而存在时，想去保护文化是很正常的。但对于那些已经消失的文化，还有必要去人为地唤醒它们吗？艺术和信仰已经给人们的日常生活打下了深深的烙印，我们与它们无法分离。在澳大利亚，有些人受到考古学家的鼓动，在已有数千年历史的古画上重新绘画，还说完全是他们的自由。这是不对的。

祖先的教诲

多：您大部分时间都待在幽静的洞穴里，沉浸在祖先的艺术中，应该会经常陷入沉思吧？您和安德烈·朗加内一样对人类的“进步”持保留看法吗？

让：大家总认为人类始终在进步。这样的想法是启蒙运动的遗产，与实际情况有所出入。如果从科技层面来看待这个问题，人类当然取得了无可辩驳的进步。但我们在价值观和精神层面上是否有进步呢？我们是否改善了与大自然的相处方式呢？

多：您的想法呢？

让：在过去的几十年中，人类粗暴地对待地球，甚至大大危害了人类自己的生存空间。人类想要统治大自然，却使它不堪重负……我有时会想，其实美洲印第安人、非洲南部土著或澳大利亚土著的哲学比我们的要更加深刻……

多：表现在哪些方面呢？

让：当第一批来自欧洲的殖民者到达澳大利亚时，他们问那里的土著："这块土地归谁？"没有人能回答这样的问题。对他们而言，这种观念非常奇怪，土地本就没有主人。在他们的文化中，人类与其他物种是平等的，都属于土地，就像动物与植物。这是一个伟大的观念，具有极大的道德和美学价值。不管怎么说，都比我们现在所奉行的个人所有制观念要强。我认为人类应该回到传统文化的课堂，向我们的祖先好好学习。

*****

当下的人类史

多米尼克·西莫内（以下简称“多”）：您之前提过，一万年前的那场巨变颠覆了人类的历史。但当我们看看如今的世界，尤其在与安德烈·朗加内和让·克洛特交谈过后，竟不确定那场巨变是否已经停止了。

让·吉莱纳（以下简称“吉”）：人类自三百万年前就存在了。在之前的两千九百九十九万年间，人类都靠着狩猎采集为生！新世纪的巨变持续的时间还不到一万年，可以说只占了历史的几千分之一……对于人类的旅程来说，这根本不算什么！这段时期是全新的，属于我们当下的世界。对我来说，我们在前面讲述的并不是史前史，而是我们当下的人类史。

多：不是史前史？

吉：是的。诚然，对于某些专家来说，历史是随着文字的出现才开启的，在那之前的都算史前史。我认为这样的区分有失中肯。文字只是一种载体，见证了人类的进步。但在文字出现之前，人类就已经得到充分的发展了。一万年前，人类的定居生活催发了复杂的社会、文明和权力的发展，而这一切正好构成了如今的社会框架。

多：也就是说，我们与祖先并没有什么不同？

吉：我们总是低估祖先对于我们的影响。不久之前，有人还说专业的手工业者直到青铜器时期才出现。这是一种错误的想法。因为在旧石器时代，原始人靠狩猎与采集野果为生，他们本身就是熟练的手工业者了。还有人说，庙宇到很晚才出现，这也是错误的。最早的村落出现时就已经有庙宇了。事实上，人们正慢慢地意识到，构成人类身份的关键要素其实由来已久。

他们，就是我们！

多：我们低估祖先是为了抬高自己吗？

吉：也许吧……不管怎样，随着研究的推进，我们发现祖先和我们一样聪明，一样具有创造力，和我们几乎一模一样。在旧石器时代，他们就发现了季节的更迭、月亮的位相，会预判水果成熟的时间和驯鹿的迁徙路径……那时的人类已经懂得生命的循环，开始记录时间的流逝。人类想象未来，思考世界……最先定居下来的祖先享受着这一切，并持续不断地创造。可见，他们的思想与我们并没有什么不同。

多：也就是说，其实我们一直都处在新石器时代。

吉：是的，他们就是我们！我们的祖先已经最大化地利用了手上的技术手段。在对待大自然和同胞的方式上，他们和我们十分类似。我几乎看不出差别。考古出土的文物能够证明这一点，珠宝、首饰、武器、吸引异性的手段、品位……什么都没有改变！

多：至少我们不会再像他们一样生活吧！

吉：就在不远的过去，我们还过着和他们一样的生活。公元前五千年多瑙河流域的农场和旧制度下的法国农场有何区别呢？不就是出现了犁、磨坊和一些新的技术……新石器时代的重大改革一直延续到了 19 世纪的工业革命。新石器时代，是历史的源头，是人类开始对世界产生影响的时刻。

对原始的渴望

多：这样看来，人类的计划成功了：征服了地球和自然……

吉：从此以后，世上不会再有天然的区域了。在西方，除了少数的山峰外，几乎所有的土地都有人类的足迹。地球上到处都是人类，人类改变了地球上的一切。让我们一起看看法国南部的一片森林，曾经全是短柔毛橡树。新石器时代，人类为了得到耕地，放火烧山。后来，人类离开，森林植被得以恢复，但绿橡树赢得了竞争。随后，人类又回到这里，再次进行了人工改造。现在我们看到的全都不是天然的了。我们周边的环境几乎全是人造的。人类文明取代了自然。

多：然而，人们仍在继续打猎，我们有一种对原始大自然的渴望……我们还需要荒野吗?

吉：在我们的潜意识中，我们仍然惦记着原始自然的模样，仍然需要大自然母亲。虽然人类驯服改造自然，但我们身上还留有原始的部分。前面也讲过，最早的农民虽然尝到了蓄养的甜头，但为了捕猎并保留一部分原始的想象，还是引进了野生动物。

多：今天的农民会畜养野猪和野山羊，然后把它们放了，这和祖先一样吗?

吉：我们的文化浸淫在自然的神话与展现人类优越性的想法中。所以，为了体现出人类始终掌控着野生世界，我们会时不时地重现野性。我们杀死逃跑的野兽，夸耀人类对自然的胜利，不断肯定自我……从一万年前开始，人类不断地重现对大自然的征服，象征性地重复着新石器时代的变革。人类想证明自己是地球上唯一的主宰。

新石器时代的思维

多：从严格意义上来说，男人如此。因为女性是否有同样的想法尚不确定。这种差别似乎还得追溯到远古时期。所以说，是男性保留了新石器时代的思维吗？

吉：是的，也就是征服和控制的思想。我们征服了大自然，战胜了物质……我们相信，没有什么能够抵挡住我们。面对人类，我们也能体会到相同的力量。一种控制大自然、物质和其他人的力量。

多：您应该听说过这样一个故事。蝎子想要鸭子载它过河，就说："我向你保证不会刺你，因为这样我们会一起被淹死。"鸭子答应了蝎子。可到了河中央，蝎子给了鸭子致命一击。"为什么你要这么做？"鸭子奄奄一息地问。蝎子回答道："对不起，这是我的天性……"控制、争夺也是我们人类的天性吗？

吉：我认为是的。在我看来，渴望竞争和证明自我的强大，这些都已深深地烙印在了人类的天性之中。

多：如果说从这个故事中能吸取什么教训，那就是人类种下的第一颗种子并不是送给自己的一份礼物！

吉：人类不再采摘果实，反而种庄稼，这样一来可以喂饱更多的人，壮大自己的家族……但事实上，人类是将自己困住了。因为与此同时，他们还要耕田、照顾牲畜、开垦田地、砍树、翻土、种植、收割……

多：简而言之，工作。

吉：是的，人类不停地辛苦劳作、创造财富、积蓄钱财，与此同时，建造了一个金字塔形社会，赋予其更强的约束。新石器时代农业和城市的改革给人类带来了希望，但同样也约束了人类。人类成为所创造的事物的奴隶。人类是胜利者，但也是受害者。

进步还是倒退

多：我们所谈论到的大革命或新世纪，实际上是一个受束缚的社会，是人类不幸的开始……

吉：这一切都取决于人类对进化的看法。人种学家马歇尔·萨林斯认为旧石器时代是一个富足的时代，祖先只需要狩猎几个小时即可填饱肚子。因为当时的人口不多，所以很快就能拥有足够的食物。这就是存在于宗教信仰中的人间天堂。然而新石器时代的到来开启了长久的衰落。这个时代象征着倒退、失败和走出伊甸园：永无止境地劳作，用汗水换取生活……等待着救世主重建昔日的乐园。

多：也有人认为人类的历史是一次永恒的进化，一场自我的救赎。

吉：这些都是诞生于启蒙时代和19世纪的进步理论：人类已经摆脱了大自然的束缚，走上了一条通往舒适和幸福的阳光大道……这两种倒退或进步的观念，很大程度上取决于背后的哲学思想。

多：除此以外，外在的经济环境也会有影响。

吉：是的。生活在现代社会中享受着舒适环境的人会理所当然地认为，他们的生活品质比起祖父母那一辈提升了很多。但那些生活艰苦的失业者呢？也许他们会怀念祖父母的那个时代。人类的进化是一个主观的概念，并没有一种统一的判断。一个富足的西方人与一个非洲或亚洲的穷人，看待历史的角度是完全不同的。

永不止息

多：您对西方现代化社会和祖先的原始社会都很了解，那您如何看待人类的历史呢？

吉：我必须要说，经过漫长的时间，人类的技术和知识取得了飞跃性发展。但自新石器时代以来宣扬的富足和解放还未到来。世界上还有很多人处于饥饿之中……我认为，人类的命运是矛盾的。新石器时代标志着一个开端，但直到今天，这一过程还在继续。每解决一个问题，都需要付出相应的代价；每一次的进步都有对等的付出；每一次对大自然的改造都会对环境造成新的负担；迈向富裕的每一步都伴随着新的痛苦；每一次的解放都预示着新一轮的压迫。难道应该就此放弃，认为人类永不会自由吗？事实上，斗争永不会结束。在人类历史的长河中，幸福与痛苦，好与坏，智慧与疯狂相伴相生。这便是人类的本性。

图书在版编目（CIP）数据

美妙的人类史：人类如何征服地球 /（法）安德烈·朗加内等著；曾信力译．— 重庆：西南大学出版社，2022.6

ISBN 978-7-5697-1380-0

Ⅰ．①美… Ⅱ．①安… ②曾… Ⅲ．①文化人类学－通俗读物 Ⅳ．① C958-49

中国版本图书馆 CIP 数据核字 (2022) 第 056711 号

美妙的人类史：人类如何征服地球

MEIMIAO DE RENLEISHI：RENLEI RUHE ZHENGFU DIQIU

[法] 安德烈·朗加内　[法] 让·克洛特
[法] 让·吉莱纳　[法] 多米尼克·西莫内 著
曾信力 译

出版策划：闫青华 何雨婷
责任编辑：何雨婷
责任校对：王玉竹
特约编辑：姚敏怡 李炳韬
营销编辑：张　戈
装帧设计：万墨轩图书·夏玮玮
出版发行：西南大学出版社（原西南师范大学出版社）
重庆市北碚区天生路2号　邮编：400715
市场营销部电话：023-68868624
印　　刷：重庆升光电力印务有限公司
成品幅面尺寸：148mm × 210mm
印　　张：7.75
字　　数：160千字
版　　次：2022年6月 第1版
印　　次：2022年6月 第1次
著作权合同登记号：版贸核渝字（2022）第112号
书　　号：ISBN 978-7-5697-1380-0

定　　价：55.00元

读者 Readers 回函表

WIPUB BOOKS

姓名：__________ 性别：_____ 年龄：_____ 职业：________ 教育程度：_____

邮寄地址：______________________________ 邮编：________

E-mail：____________________ 电话：____________________

您所购买的图书名称：《美妙的人类史：人类如何征服地球》

您对本书的评价：

书名：□满意 □一般 □不满意 | 故事情节：□满意 □一般 □不满意

翻译：□满意 □一般 □不满意 | 装帧设计：□满意 □一般 □不满意

纸张：□满意 □一般 □不满意 | 印刷质量：□满意 □一般 □不满意

价格：□便宜 □正好 □贵了 | 整体感觉：□满意 □一般 □不满意

您的阅读渠道（多选）：

□书店 □网上书店 □图书馆借阅 □超市/便利店 □朋友借阅 □找电子版

□其他 __________

您是如何得知一本新书的呢（多选）：

□别人介绍 □逛书店偶然看到 □网络信息 □杂志与报纸 □新闻

□广播节目 □电视节目 □其他

购买新书时您会注意以下哪些地方（多选）：

□封面设计 □书名 □出版社 □封面、封底文字 □腰封文字 □前言、后记

□名家推荐 □目录

您喜欢的图书类型（多选）：

□文学-奇幻小说 □文学-侦探/推理小说 □文学-情感小说 □文学-散文随笔

□文学-历史小说 □文学-青春励志小说 □文学-传记

□经管 □艺术 □旅游 □历史 □军事 □教育/心理 □成功/励志

□生活 □科技 □其他 __________

请列出3本您最近想买的书：__________、__________、__________

请您提出宝贵建议：______________________________

____

★感谢您购买本书，请将本表填好后，扫描或拍照后发电子邮件至wipub_sh@126.com，您的意见对我们很珍贵。祝您阅读愉快！